シリーズ
繰り返す自然災害を知る・防ぐ

古今書院

シリーズ繰り返す自然災害を知る・防ぐ
刊行にあたって

　2005年11月『シリーズ日本の歴史災害　第一巻　手記で読む関東大震災』を皮切りに、全6巻からなるシリーズ日本の歴史災害を古今書院は刊行した。このシリーズの巻頭言で、執筆者でもあり企画者でもある小林芳正京都大学名誉教授は、つぎに引用するようにその趣旨を述べた。今回のシリーズはその趣旨を継承するものである。

前シリーズ日本の歴史災害　巻頭言より一部抜粋

「天災は忘れたころに来る」という警句は、寺田寅彦のものだといわれている。災害が頻発するので「災害は忘れられないうちに来る」などという人もこの頃はいるようだが、これは取り違えであろう。災害とは、単なる自然現象ではなく、本質的に社会的な現象で、過去の教訓を忘れたときに起こるものだとの戒めだからである。
　この意味で過去の災害の教訓は社会に定着しているだろうか？　われわれは、ほんの少し前の災害の実相も簡単に忘れてしまってはいないだろうか？
　筆者は長年、災害調査・研究に携わってきたが、先人の被災経験が人々にあまり活かされていないことを繰り返し体験してきた。「こんなことはお爺さんからも聞いたことがなかった」というせりふを何度聞かされたことか！
　先祖たちの痛切な体験がたちまち風化して子孫に伝わらないのは悲しいことである。
　科学者の行う災害の分析や理論化は間違っていないとしても、多くの場合、一般市民に訴える力が足りないのではあるまいか？　知識は人々の心に響いてこそはじめて防災力の向上につながる。その意味で、災害研究者としての筆者も、自身の無力を認めざるを得なかった。そして「理論としての防災知

識」を「実感できる防災知識」に脱皮させる必要を感じてきた。それはいつか自分がやらなければならないと考えてきた。
「シリーズ日本の歴史災害」はこのような意図から生まれたものである。そのきっかけは、筆者がかつて奈良県十津川村を訪ねて明治22年の大水害その記録「吉野郡水災誌」に接したときにさかのぼる。これこそこのような力を持った文書だと直感した。事実としての災害経過の記述の中から災害の生々しい実態がひしひしと伝わってきたからである。これはぜひ多くの人々に見てほしいと思った。

全6巻のこのシリーズは、第1巻「昭和二年北丹後地震」（蒲田文雄著）第2巻「十津川水害と北海道移住」（蒲田文雄・小林芳正著）第3巻「濃尾震災」（村松郁栄著）第4巻「磐梯山爆発」（米地文夫著）第5巻「手記で読む関東大震災」（武村雅之著）第6巻「昭和二八年有田川水害」（藤田崇・諏訪浩編）が刊行された。

つづく第二弾として、先の巻頭言で述べられた趣旨をどういうかたちで実現したらよいか、そのような課題をかかえていた矢先、津波防災の研究者であり体験に基づく啓蒙者としていくつもの著書のある山下文男先生が、趣旨にぴったりの原稿を用意して現れた。もちろん先のシリーズがあったからこそであるが、山下先生との意見交換もして、先のシリーズの趣旨を継承しつつ、また反省も踏まえ、新たに今回のシリーズを立ち上げることにした。

自然災害と防災に関する本は多くあるが、古今書院では、「自然災害を知る・防ぐ」（大矢雅彦・木下武雄・若松加寿江・羽鳥徳太郎・石井弓夫著 1989年4月刊、第二版は1996年10月刊）があった。この本の初版には伊勢湾台風のときに高潮災害の範囲を予測した「木曽川流域水害地形分類図」が添えられて、版を重ねた。この本そして、この書名は、早稲田大学総合科目を担当なさった著者たちのコミュニケーションから生まれものだが、その趣旨は、「自然災害から身を守るには、国任せばかりでなく、一人ひとりの防災知識が身を守る。ハードな防災対策でなく、ソフトな防災をまず個人レベルで身につけよう」という一貫した主張を通したものであり、いま、盛んに叫

ばれている「安心・安全の…」標語や「防災教育」などの言葉がまだ盛んになる前のことであった。

　今回のシリーズは、これらを踏まえて、自然災害にたいする心構えをどう育成するか、その教材として過去の災害にテーマを求めている。これまで多くの自然災害に関する調査研究がなされてきた蓄積を活かして、繰り返される自然災害にどう対応したらよいか。先のシリーズの趣旨に加え、「自然災害を知る・防ぐ」の趣旨をも合わせて構成し、ここに「シリーズ繰り返す自然災害を知る・防ぐ」全9巻を刊行する次第である。

古今書院編集部

台風と高潮災害
―伊勢湾台風―

伊藤安男著

シリーズ
繰り返す自然災害を知る・防ぐ
第8巻

古今書院

口絵写真1　木曽三川河口部の被災状況　昭和34年9月28日、上が北
出典：建設省河川局『伊勢湾台風災害誌』昭和37年

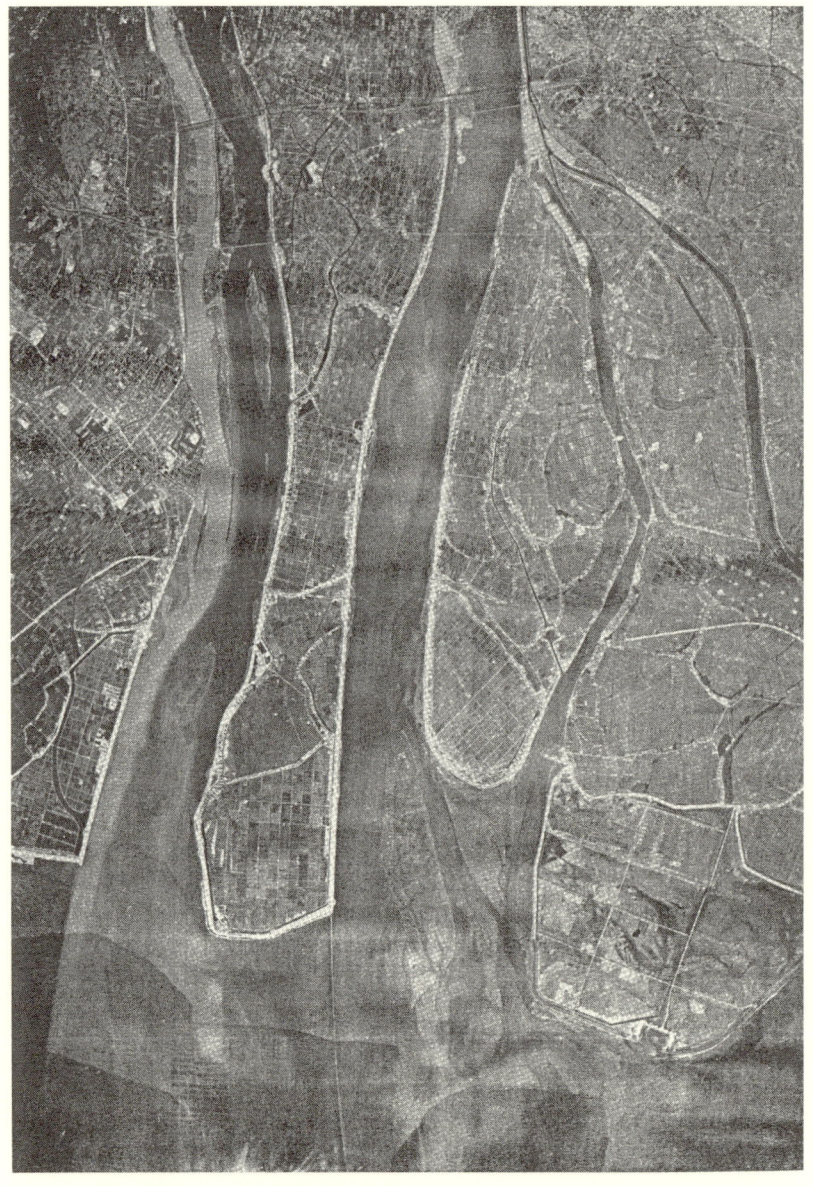

口絵写真2　被災地の復興状況　昭和36年4月18日、上が北
　　左より揖斐川、木曽川、鍋田川、筏川。手前が伊勢湾。
　　　出典：建設省河川局『伊勢湾台風災害誌』昭和37年

はじめに
─伊勢湾台風とは─

　昭和34（1959）年9月26日の18時に和歌山県潮岬に上陸した台風15号は三重、岐阜県、新潟県を通過して夜半過ぎの翌27日1時に日本海に抜けた。

　この台風は上陸時の気圧が929.9hPaとわが国の台風史上3番目に低く、さらに暴風域が1500kmにも達する超大型で強い台風であった。いわゆる「風台風」と呼ばれるもので、三重県尾鷲では瞬間最大風速50m/s、名古屋で46m/s、岐阜市で44m/sを記録した。

　被害は木曽川河口部の長島輪中を中心とする干拓型輪中の海抜0m地帯では甚大であった。内陸部の木曽三川の中流部でも豪雨となり、揖斐川支川の牧田川が破堤して多芸輪中一面が浸水したほか、長良川でも大出水となり上流各地で破堤入水した。

　台風15号（伊勢湾台風）による暴風は遠浅の伊勢湾の海水を容易に吸い上げ、21時の時点ではその潮位は過去最高の5.31mに達した。南からの暴風によりあふれ出た高潮は、伊勢湾沿岸一帯に広がる海抜0mの干拓地に襲い各地に被害をもたらした。さらに被害を大きくしたのは、名古屋港周辺の臨海地帯の貯木場の輸入木材のラワン材が大量に流出して住宅地を襲ったことである。

　被災地でとくに悲惨であったのは、伊勢湾突出した集団入植地の鍋田干拓地であった。当時の入植農家164戸はすべて流出した。そのうち33戸の農家は家族全員が死亡し、入植者318名中の133名が犠牲となる惨事であった。

　のちに伊勢湾台風と称されることなったこの台風では、5,041人の犠牲者と50万戸に及ぶ被害家屋を出し、わが国の台風史上類例をみない大災害であった（表1.1）。（死亡者、行方不明者などについては、各報告書により若

表1.1 昭和の主な台風一覧表(「科学技術庁資源調査会」昭和35年)

台風名	発生又は発見場所と昭和年月日	最低気圧	主な通過地	昭和年月日	消滅場所と月日
室戸	ヤップ島南東方 9.9.13	(mb) 900以下	四国、大阪、金沢、佐渡、盛岡	9.9.21	アリューシャン 9.23 南方海上
23号				18.9.20	
枕崎	グアム島東方 20.9.12	910	沖縄、九州、奥羽	20.9.17	ベーリング海 9.23
阿久根			鹿児島、輪島、津軽海峡	20.10.10	
カスリーン	マリアナ東方 22.9.8	960	紀州沖から房総半島へ	22.9.15	北海道 9.17 東方海上
アイオン	マーシャル群島東部 23.9.7	940	硫黄島西方 房総半島	23.9.16	アラスカ方面 9.19
キテイ	マーカス島南方 24.8.27	956	八丈島、伊豆半島 奥羽西方海上		ベーリング海 9.5 西部
ジェーン	硫黄島南西洋上 25.8.30	940	四国東部 神戸付近上陸	25.9.3	アラスカ 9.11
ルース	グアム島南方洋上 26.10.8	924	南西諸島、九州 中国地方	26.10.14	カムチャツカ 10.20 半島南東
13号	トラック島東方 28.9.19	900	紀伊半島南部 名古屋、松本、山形	28.9.25	カムチャツカ 9.29 半島南東
洞爺丸	オロール島北方 29.9.18	952	石垣島、九州、四国	29.9.26	アリューシャン 9.29 列島
狩野川	グアム島東方 33.9.20	880	伊豆南端、三浦半島 中部関東、福島、三陸沖	33.9.26	北海道東方 9.29
7号	サイパン島東方 34.8.10	960	伊豆南端、静岡 山梨、長野、佐渡	34.8.13	沿海州 8.15
伊勢湾	サイパン島北東方 34.9.22	895	紀伊半島、東海地方 新潟、東北、北海道	34.9.26	根室東方 9.27 海上

＊伊勢湾台風の死者、行方不明者数については報告書により5098名、5101名、4645名などがある。

はじめに―伊勢湾台風とは― xi

観測最低気圧		観測最大風速 (10分間平均)	瞬間最大風速	降水量	災害の種類	死者行方不明共 ( )内行方不明
(mb) 912	室戸岬	(m/s) 室戸岬45 大阪40以上	(m/s) 室戸岬60以上 大阪 60	(mm) 大　分 355 大　阪　20	風水害 大阪湾高潮	3036 (200)
964	名　瀬	枕　崎 34 浜　田 26	枕　崎 43 浜　田 37	宮　崎 510 米　子 333	風水害	970
917	枕　崎	室戸岬 31	宮　崎 55 枕　崎 63	大　分 274 津　山 281	風水害	3122 (1,046)
964	阿久根	細　島 34 鹿児島 37	枕　崎 52 鹿児島 33	徳　島 474 広　島 335	風水害	877
983	酒　匂	綱　代 19 東　京 15	東　京 20 横　浜 22	秩　父 611 伊　東 450	風水害 利根川洪水	1,910
943	大　島	富　崎 47 長津呂 40	富　崎 60 長津呂 44	中宮詞 538 仙　台 351	風水害 利根川洪水	838 (326)
						160
962	和歌山	室戸岬 43 和歌山 37	室戸岬 59 神　戸 48	尾　鷲 401 穴　吹 218	風水害 高潮	508
945	枕　崎	枕　崎 43	枕　崎 52	宮　崎 503 屋久島 637	風水害	943
953	尾　鷲	上　野 20 津 24 名古屋 23	上　野 28 津 31 名古屋 30	上　野 214 名古屋 193	風水害 高潮	393
					海難 大火	1,767
955	長津呂	大　島 36 東　京 21	大　島 50 東　京 27	湯ヶ島 580 大　島 442 東　京 402	風水害 狩野川洪水	1,276
955	甲　府	甲　府 18		甲　府 220	風水害 富士川洪水	241
929.5	潮　岬	名古屋 37	名古屋 46 尾　鷲 50	彦　根 317 伊吹山 218 名古屋 104	風水害	5041 (282)

干の差異あり。）

　台風が通過した後も、海抜 0m 地帯に浸水した外水は排水が困難をきわめある地帯ではその湛水期間は 3 か月におよんだ。なおこの伊勢湾台風をきっかけに昭和 36（1961）年に『災害対策基本法』が制定された。この第 3 条では「国は、国土並びに国民の生命、身体及び財産と災害から保護する使命を有することにかんがみ、組織及び機能のすべてをあげて防災に関し万全の措置を講ずる資格を有する」として国の責務の重要性を明文化している。

目　次

はじめに―伊勢湾台風とは― ... ix
第1章　伊勢湾台風の規模 ... 1

  1　暴風 ... 1
  2　降雨 ... 5
  3　高潮 ... 11
    被災体験を語る「悪夢の夜」 ... 18
  4　歴史的にみた高潮災害 ... 21
    （1）　木曽川河口部（長島輪中）の歴史的高潮災害 ... 22
    （2）　各地の近現代の高潮災害 ... 23
  参考文献 ... 28

第2章　被災地の土地条件 ... 29

  1　水害地形分類図と土地条件 ... 29
  2　土地履歴からみた災害の地域性 ... 38
    （1）　輪中開発の矛盾 ... 38
    （2）　濃尾平野造盆地運動と三川合流 ... 41
    （3）　海抜0m地帯と地盤沈下 ... 43
  参考文献 ... 47

第3章　水害常襲地帯であった輪中群 ... 48

  1　江戸期の水防体制 ... 48

(1) 長島輪中 　　　　　　　　　　　　　　　　48
　　　(2) 多芸輪中 　　　　　　　　　　　　　　　　50
　2 岐阜県多芸輪中の被災状況 　　　　　　　　　　52
　3 旧輪中堤と洪水防御 　　　　　　　　　　　　　64
　　　(1) 第1線堤防と控堤 　　　　　　　　　　　69
　　　(2) 旧輪中堤と控堤としての役割 　　　　　　70
　4 木曽川河口部の農業的土地利用とその変容 　　　72
　　　(1) 低湿地特有の高畦耕作 　　　　　　　　　72
　　　(2) 復旧工事と温泉開発 　　　　　　　　　　75
参考文献 　　　　　　　　　　　　　　　　　　　　77

第4章　恐怖の高潮　　　　　　　　　　　　　78

　1 流木の悲劇 　　　　　　　　　　　　　　　　　78
　　　(1) 貯木場の立地 　　　　　　　　　　　　　80
　　　(2) 流木回収の問題点 　　　　　　　　　　　84
　2 悲惨をきわめた鍋田干拓地入植者 　　　　　　　89
　　　(1) 干拓地開発の経緯 　　　　　　　　　　　90
　　　(2) 干拓地に悲劇 　　　　　　　　　　　　　93
　　　(3) 干拓地の地形的環境 　　　　　　　　　　95
　　　(4) 復旧工事 　　　　　　　　　　　　　　　99
参考文献 　　　　　　　　　　　　　　　　　　　102

第5章　復興への歩み　　　　　　　　　　　103

　1 復旧対策と緊急工事 　　　　　　　　　　　　104
　2 今後の課題 　　　　　　　　　　　　　　　　109
参考文献 　　　　　　　　　　　　　　　　　　　112

第6章　防災と水防意識　　113

1　被災者よりみた防災教訓　　114
2　法の整備と水防意識　　117
参考文献　　121

伊勢湾台風に関する記録、報告、出版物等　　122

おわりに　　135

第 1 章　伊勢湾台風の規模

1　暴風

　1959（昭和34）年9月20日9時、南太平洋エニウエ島の西250kmの北緯11°、東経160°付近で弱い熱帯性低気圧が発生、毎時40～50kmの早い速度で西南西から西北西へ、さらに北西へと弧を描きながらますます発達した。9月21日21時にはグアム島の東海上の北緯14.8°東経150°に達して中心気圧は1002hPaとなり、台風15号と名付けられた。

　台風はその後も急発達して23日15時には父島の南900kmの北緯19°、東経143°海上において中心気圧はこの台風の最低気圧の894hPaを観測した。9月25日の12時頃まで900hPaを保ちながら北上、26日18時過ぎに潮岬に上陸、そのときの中心気圧は925hPa（18時13分）最大風速60m/sで、風速25m/s以上の暴風域は中心の東側400km、西側300kmの広さをもつ超大型の台風であった。上陸時の最低気圧を比較すると昭和9（1934）年9月21日の室戸台風の919.9hPa、昭和20（1945）年9月17日の枕崎台風の916.6hPaに次ぐ第3位の記録をもつ台風であった（表1.2）。

　潮岬に上陸した台風は北東進し、6時間余で富山と新潟の県境を通して日本海に抜けた。（図1.1）、上陸時にはすでに紀伊半島、四国東部、東海地方を含む半径300km以上におよぶ広大な地域が、風速30m/s以上の暴風圏内にはいった。

　名古屋気象台によると、名古屋では南寄りのSE～SSE～S方向の20m/s以上の風が、19時20分から23時過ぎまで4時間余吹続けた。また30m/s以上の風は、実に21時10分から22時20分まで1時間以上吹き続けた。この間の最大風速は22時の37m/sであった。

　台風はその後、23時には岐阜県白川村付近、27日には富山の東を通って、

表 1.2　既往著名台風の規模
出典：『伊勢湾台風復旧工事誌（上）』中部地方建設局、昭和 38 年

	室戸	枕崎	13号	伊勢湾
上陸年月日	昭9.9.21	昭20.9.17	昭28.9.25	昭34.9.26
上陸地点	室戸岬	枕崎	尾鷲	潮岬西方
中心最低気圧	911.6hPa	916.3hPa	925hPa	929.5hPa
瞬間最大風速	60m/s	62.7m/s	30m/s	51.3m/s（津） 60 〃（小牧）
平均最大風速	47m/s	40m/s	22m/s	36.8m/s（津） 37.0 〃（名古屋）

毎時 75km の勢力を保持したまま日本海に抜けた。台風は潮岬からわずか 6 時間あまりで中部地方を縦断した。この間の平均速度は毎時 65km であった。

　この台風が伊勢湾の西側を通ったため最大の強風域は伊勢湾に集中し、台風が名古屋の西を通過したときには、伊勢湾沿岸地方にとっては最悪の南々東の風となった。このため低気圧による水面の上昇に加えて、伊勢湾口より湾奥に向けて波の吹き寄せが生じ、21 時 30 分ごろ名古屋で最高潮位 T.P ＋ 3.89m という記録な潮位となった。名古屋港の既往最高潮位が、大正 10（1921）年 9 月 25 日の台風による T.P ＋ 2.97m をはるかに上まわっていた。この異常潮位により、河口付近の堤防、海岸堤防はいたるところで決壊し決壊箇所は 220 箇所、延長 33km（この数字は報告書により多少の差あり）におよび伊勢湾沿岸一帯は大災害をうけた。

　わが国の史上に名高い台風の特徴を要約すると下記の 7 点があげられる。

　1) マリアナ東方で発生してから上陸まで、わずか 6 日であり、21 日に発生して 23 日には中心気圧は 905hPa となり、その発達期の頂点からわずか 3 日あまりであった（図 1.2）。

　2) 発生の初期から本土上陸の直前まで非常に強い中心勢力を維持し、9 月 26 日 18 時 13 分、潮岬で観測した最低気圧 929.5hPa は、本土に上陸した台風の記録値としては史上 3 番目のものであった（表 1.2）。

　3) 暴風圏の非常に広い超大型台風で本州南方海上を北上するころには、最大風速 75m/s、風速 25m/s 以上の暴風圏が直径 700km であった（図 1.3）。

　4) 本州付近を東西にのびていた停滞前線が台風の接近とともに活発とな

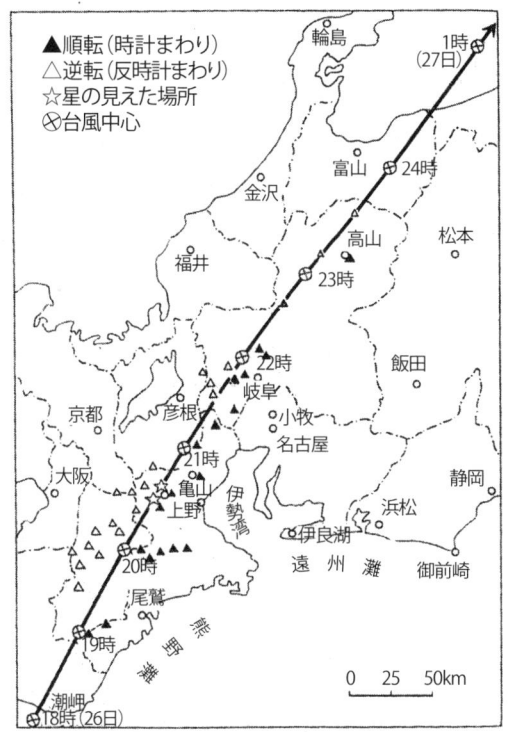

図 1.1　台風経路と順転・逆転の分布図
出典:『伊勢湾台風気象概報』名古屋気象台、昭和 35 年

り、各地に大雨をもたらしたこと。

　5）上陸後も勢力の衰え方が少なく、風による被害をとくに大きくしたこと。

　6）伊勢湾および渥美湾沿岸地方などに、高潮をおこすのに非常に適したコースを通ったこと。すなわち最大風域が伊勢湾に集中し、最大風速が生じるまでの主風向が、伊勢湾にとって最悪の南東であったこと。

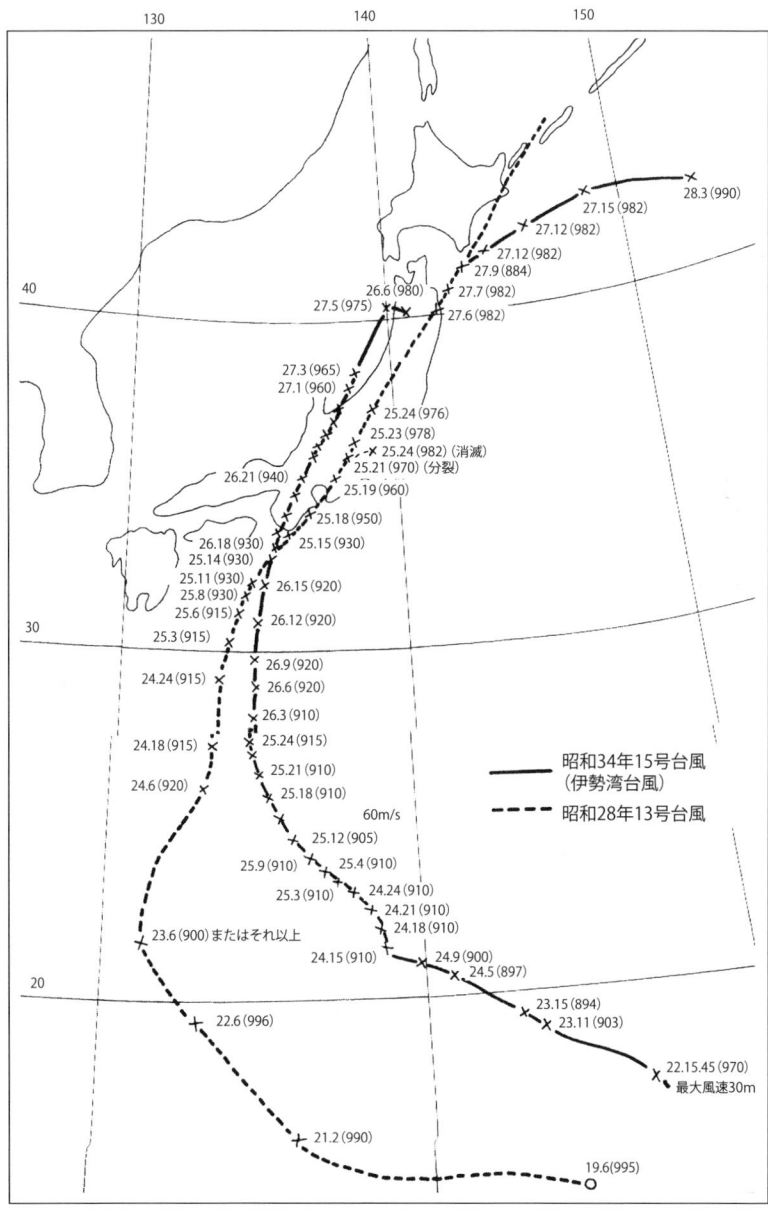

図 1.2　台風進路図
出典：『体験　伊勢湾台風―語り継ぐ災害・復旧―』
建設省木曾川下流工事事務所、昭和 60 年

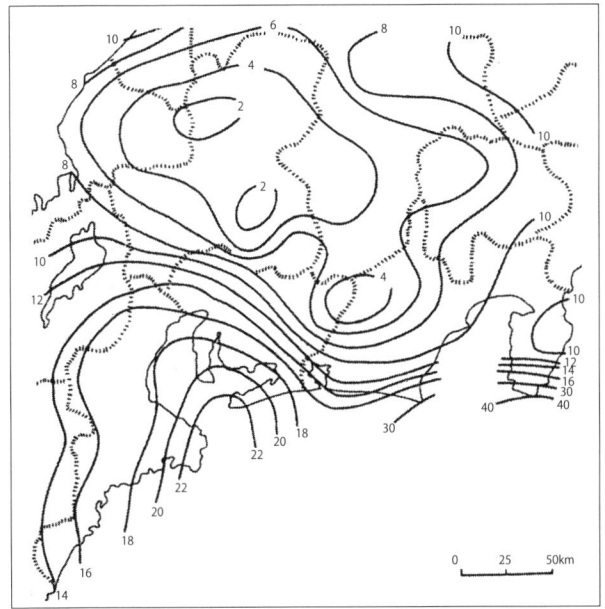

図 1.3　10 分間平均風速 10m/s 以上の暴風の継続時間（hour）
出典：『伊勢湾台風復旧工事誌（上）』

2　降雨

　降雨は、台風が北緯 20°線に近づいたころから、日本の南岸にあった前線の活動によって、23 日昼ごろから降り始め、台風が日本海に抜けた 26 日昼ごろまで降り続いた。
　この降雨の特色は次の 3 点となる。
　1）23 日昼ごろから 24 日夜中過ぎまでの偏西風波動としての気圧の谷の接近による前線の活動により雨は、三重県南部では 23 日夜中から 24 日夜中まで、濃尾平野では 24 日早朝から夜中過ぎまで強く降った。尾鷲では 23、24 日で 377mm に達した（図 1.4）。
　2）25 日夕方より 26 日朝までの台風の北上接近による前線の活動によるもので、25 日の日中は各地とも雨は小降りとなっていたが台風の接近によ

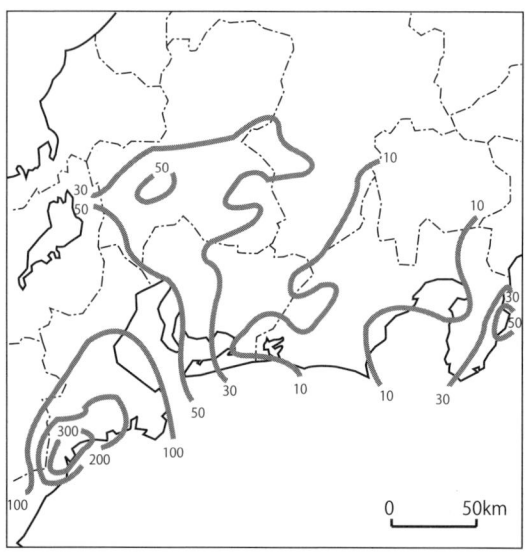

図 1.4　台風襲来前の前線による総雨量、9 月 23 日 9 時～ 25 日 9 時（mm）
出典：『伊勢湾台風災害誌』名古屋市、昭和 36 年

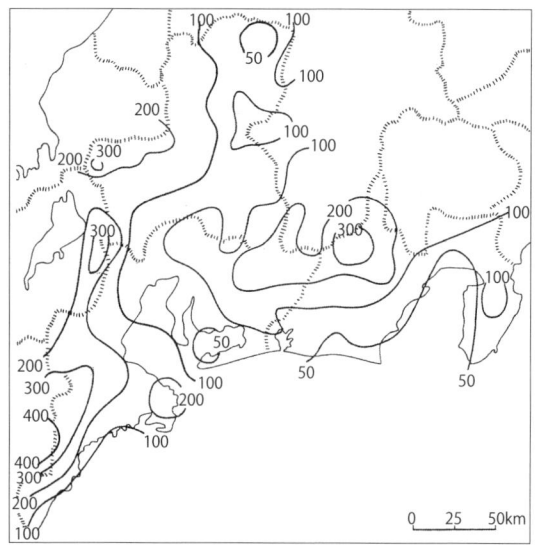

図 1.5　台風による雨量、9 月 26 日 9 時～ 27 日 9 時（mm）
出典：『伊勢湾台風復旧工事誌（上）』中部地方建設局、昭和 38 年

り、再び東海各地は強い雨が降り始め、三重、岐阜両県では 100 ～ 150mm に達した。とくに揖斐川、長良川の流域では 1 時間雨量 30 ～ 40mm の強い雨となった。

　3）26 日の午前中は雨が降ったりやんだりであったが、三重県南部では昼ごろから暴風雨圏にはいり、その後数時間遅れて東海地方の各地ともに強い雨が降り、夜半まで続いた。台風の中心が最も近づく直前には 1 時間雨量 40 ～ 60mm であった。しかし揖斐川、長良川の上流域、愛知県矢作川の中流域では 70 ～ 80mm に達した。図 1.5 は 26 日の日雨量の分布を示したものである。

　雨量としては、東海地方では普通の状態であったが、各流域にわたって数時間の間に集中的に降ったので、過去にない記録的な洪水波となった。

表 1.3　各気象機関の警報等発令状況表

発表機関名	種別	発表日時分 日時分	解除日時分
名古屋気象台	大雨注意報	25. 17. 00	風雨注意報に切換
	台風情報1号	25. 18. 30	
	〃号外	25. 22. 00	
	〃2号	26. 06. 00	
	風雨注意報	26. 07. 20	暴風雨警報に切換
	暴風雨警報	26. 11. 15	強風注意報に切換
	高潮警報	26. 11. 15	27. 05. 00
	波浪〃	26. 11. 15	27. 09. 00
	台風情報3号	26. 11. 50	
	〃4号	26. 14. 30	
	〃5号	26. 16. 30	
	洪水警報	26. 18. 15	27. 09. 00
	台風情報6号	26. 18. 30	
	〃7号	26. 19. 30	
	〃8号	26. 20. 30	
	台風情報9号	26. 21. 30	
	〃10号	26. 22. 30	
	〃11号	26. 22. 50	
	強風注意報	27. 05. 00	27. 18. 00

8	名古屋気象台 中部地方建設局 共同発表	揖斐川洪水注意報1号	26. 19. 50	
		〃警報2号	26. 20. 50	
		〃〃3号	26. 23. 00	
		〃〃4号	27. 03. 00	
		〃注意報5号	27. 15. 00	
		〃〃解除	27. 21. 30	
		長良川洪水警報1号	27. 00. 30	
		〃〃2号	27. 02. 40	
		〃〃3号	27. 04. 00	
		〃注意報4号	27. 15. 00	
		〃〃解除	27. 21. 30	
		木曽川洪水注意報1号	27. 01. 40	
		〃〃2号	27. 05. 10	
		〃〃解除	27. 19. 00	
	岐阜地方気象台	大雨注意報	25. 16. 30	風雨注意報に切換
		洪水〃	26. 02. 00	洪水警報に切換
		風雨〃	26. 10. 00	暴風雨警報に切換
		暴風雨警報	26. 14. 00	強風注意報に切換
		台風情報1号	26. 17. 00	
		洪水警報	26. 18. 30	27. 10. 00
		台風情報2号	26. 19. 30	
		〃3号	26. 21. 00	
		強風注意報	27. 02. 00	27. 09. 00
	津地方気象台	大雨注意報	24. 08. 00	
		〃	25. 17. 00	
		台風情報1号	25. 18. 45	
		〃2号	25. 21. 00	
		〃3号	26. 05. 30	
		風雨注意報	26. 08. 00	暴風雨警報に切換
		台風情報4号	26. 09. 00	
		暴風雨警報	26. 11. 00	更新
		台風情報5号	26. 11. 45	
		高潮波浪警報	26. 11. 30	27. 23. 20
		台風情報6号	26. 14. 00	
		〃7号	26. 15. 45	
		暴風雨警報	26. 17. 00	強風注意報に切換
		洪水警報	26. 18. 00	27. 09. 00
		台風情報8号	26. 18. 30	
		〃9号	26. 19. 45	
		〃10号	26. 21. 15	
		〃11号	26. 22. 00	
		強風注意報	27. 00. 00	27. 09. 00

第 1 章　伊勢湾台風の規模

予報一覧表

予報種目	発表機関	発表時分	内容
木曽川洪水注意報 第1号	中部地方建設局 名古屋地方気象台	34年 9月27日 1時40分	台風15号の影響により、木曽川流域の雨は中流部で160mmに達しています。 　このため今渡の流量は急激に上昇し、1時現在3,300m³/secとなりなお上昇しています。このため下流各地もかなりの出水となりますから十分注意してください。
木曽川洪水注意報 第2号	〃	34年 9月27日 5時10分	木曽川は警戒水位程度の出水となりますから注意して下さい。 　木曽川流域の降雨は上昇中であり、丸山ダムでは4時現在3,100m³/secを放流しています。 　現状より判断する、中・下流部各地の水位はつぎのとおりです。 　　　　　　　　　　　　警戒水位 5時　今渡　5,700t/s　5,000t/s 6時　鵜沼　6.20m　5.90m 6時　犬山　3.20　3.30 8時　笠松　5.60　5.50 10時　成戸　6.40　6.30
解除	〃	9月27日 19時00分	解除
長良川洪水警報 第1号	〃	9月27日 0時30分	台風15号の影響により降った雨は、長良川流域では200〜250mmに達しました。このため長良川の水位は急激に上昇しており、中・下流部では警戒水位を1.5〜2.0m程度上回る洪水となる見込みですから厳重に警戒し、今後の予報に十分注意してください。
長良川洪水警報 第2号	〃	9月27日 2時40分	長良川流域では2時現在雨は小降りとなり、上流部の水位は最高を過ぎました。現在上流部の水位は1時には忠節4.00mとなり、これが最高と思われます。 　現状より判断すると中・下流部各地の水位はつぎのとおりと思われます。 穂積　3時　5.20m（警戒水位3.10） 墨俣　3時　5.80　（〃3.90） 成戸　5時　6.30　（〃〃） この洪水は33年8月26日台風17号による洪水に匹敵する出水ですから沿岸各地とも厳重警戒し、全川にわたり水防活動に万全を期せられたい。

長良川洪水 警報 第3号	〃	9月27日 4時		長良川は計画高水位を突破する大洪水となりますから厳重に警戒してください。 　長良川流域では現在雨は小降りとなり、上流部美濃の水位は2時最高水位6.20mを記録しました。中・下流部は今朝にかけて計画水位は突破する既往最大の大出水となり、とくに下流部では大巾に計画水位を上回るものと予想されますから沿岸各地は厳重に警戒し水防に万全を期してください。
長良川洪水 注意報 第4号	〃	9月27日 15時		長良川は全川にわたり減水しておりますので、洪水警報を洪水注意報に切換えます。
解除	〃	9月27日 21時30分		
揖斐川洪水 注意報 第1号	〃	9月26日 19時50分		昨夜半より降りはじめた雨は揖斐川流域で180～260mmに達し、現在1時間20～60mm程度の強い雨が降り続いています。このため揖斐川の水位は刻々上昇しており、今後は台風第15号の接近により短時間に強い雨が予想され揖斐川はかなりの出水となると思われますから十分注意してください。
揖斐川洪水 警報 第2号	〃	9月26日 20時50分		台風15号の接近により現在揖斐川上流では1時間30～70mmの強い雨が降っています。今後夜半までに短時間の間に強い雨が降り続く見込みです。このため揖斐川の上流部の水位は急激に上昇しており、下流部では、岡島21時、山口22時、唐栗23時、今尾2時ころそれぞれ警戒水位を突破さらに上昇するものと思われますので、厳重に警戒し、水防に万全を期してください。
揖斐川洪水 警報 第3号	〃	9月26日 23時00分		揖斐川は全川にわたり本年8月13日出水に匹敵する大出水になりますから厳重に警戒して下さい。 　台風15号の影響により揖斐川全流域にわたって1時間50～70mmの強い雨が記録され現在までの雨量250～300mmに達しています。このため揖斐川の水位は急激に上昇し、上流部山口、岡島、24時頃、下流部では明朝未明にかけて計画高水位程度の大出水になりますから沿岸各地とも厳重に警戒して水防に万全を期してください。

揖斐川洪水 警報 第4号	〃	9月27日 3時00分	揖斐川流域では、2時現在雨は小降りとなり上流部各地の水位は最高が過ぎました。中流部唐栗、平では計画高水位を上回っており、なおしばらくの間はこの程度の水位が接続するものと考えられます。また、牧田川の決壊によって、今尾の水位は多少減水するものと考えられますが、まだしばらくは、高い水位が続きますから厳重警戒し水防に万全を期してください。
揖斐川洪水 注意報 第5号	〃	9月27日 15時00分	揖斐川は全川にわたり減水しておりますので洪水警報を注意報に切換えます。
解除	〃	9月27日 21時30分	

3 高潮

　伊勢湾台風はわが国の近世における災害史上に例をみない大災害であった。その発生の要因についてさまざまなファクターが相乗して被害を大きくした。なかでも高潮災害が大きな因子であった。

　高潮（Storm Surge）は台風や低気圧などによる気圧の急変によって、港湾の潮位が平常値よりも著しく高くなる現象で、平常時の潮位との差を潮位偏差（高潮偏差）という。わが国では有明海、大阪湾、伊勢湾、東京湾などで、しばしば大きな被害をもたらしている。

　高潮のような気象擾乱がなければ海面の高さは潮汐によって決まる、潮汐は月と太陽の引力によって起こり普通1日に2回の満潮と干潮がある。また満月と新月のときに現れる大潮がある。したがって月に2回現れる大潮のときに満潮になると海面が最も高くなる。このときに高潮にぶつかると、海面が最も高くなり危険になる。

　台風は北半球では反時計回りに風が中心を向かって吹き込むので、太平洋側の南に開いた湾ではその西側を台風が北上すると、湾のなかの海上では南寄りの強風が吹くことになる。台風による海面上昇量である潮位偏差は、標準気圧である1,010hPaからの気圧低下量と風速が関係する。

気圧低下による海面上昇は「吸い上げ効果」といい、具体的に 1hPa 気圧が低下すると約 1cm 海面が吸い上げられ上昇する。気象庁によると名古屋港では経験的に、それを 1,674 倍すればよいとわかっている。したがって伊勢湾台風の名古屋港の最低気圧は 958.5hPa であったから、

$$1.674(1010 - 958.5) = 86.2\text{cm}$$

「吸い上げ効果」に対して、強風による海面上昇を「吹き寄せ効果」と称している。後者による海面上昇の方は SSE 方向の風速成分の 2 乗を 0.165 すればよいとされているので、最大風速 37m/s を運用すると、

$$0.165 \times 37.0^2 = 225.9\text{cm}$$

となり、両者を加えると

$$86.2 + 225.9 = 312.1\text{cm}$$

となる。実際の潮位偏差は、345cm であるから少し小さいがほぼ近い値が得られる。また水深が浅いほど潮位偏差が大きくなることがわかっている。

　このような条件にある南に向いた太平洋側の湾は、東京湾、伊勢湾、大阪湾、有明海、高知の浦戸湾、鹿児島湾などで、2m 以上の潮位偏差はこうした湾で起こっている。

　わが国の高潮災害を歴史的にみると次のようなものが知られる。

　①大正 6（1917）年 10 月 1 日、台風により東京湾で 2.1m の高潮　死者 1,324 名。

　②昭和 2（1927）年 9 月 13 日、台風により有明海で 0.9m の高潮　死者 439 人。

　③昭和 9（1934）年 9 月 21 日、室戸台風により大阪湾で 2.9m の高潮　死者 3,036 人。

　③昭和 20（1945）年 9 月 17 日、枕崎台風により鹿児島湾で 1.6m の高潮　死者 3,122 人。

　④昭和 25（1950）年 9 月 3 日、ジェーン台風により、大阪湾で 2.4m の高潮　死者 534 人。

　⑤昭和 34（1959）年 9 月 26 日、伊勢湾台風により 3.5m の高潮　死者 5,098 人。

第 1 章　伊勢湾台風の規模　　13

表 1.4　伊勢湾台風、13 号台風の最高潮位と 13 号台風以前の既往高潮位
出典：『伊勢湾台風災害調査報告』科学技術庁資源調査会、昭和 35 年

	伊勢湾台風		13 号台風		左記以外の高潮位	
	潮位	起時	潮位	起時	潮位	起時
福江	2.13	22.00	2.50	——	1.94	——
前芝	3.035	22.25	2.833	——	——	——
豊橋港	3.10	22.27	3.363	——	1.91	——
平坂港	2.80	——	2.775	——	1.44	——
衣浦港	2.95	——	2.49	——	1.99	——
半田	3.05	——	2.00	——	2.01	——
武豊港	3.05	——	2.555	——	——	——
豊浜	2.90	——	3.070	——	1.35	——
常滑	2.96	——	2.528	——	——	——
名古屋	3.89	21.35	2.329	18.50	2.98	大正10.9.26
鍋田川河口	3.94	21.30	2.537	18.35	2.04	——
四日市	3.24	21.10	2.37	18.20	2.16	——
津	2.54	19.00	2.71	——	——	——
松阪	2.22	21.00	2.63	——	——	——
鳥羽	4.15	20.26	4.65	18.00	——	——
的矢	1.94	——	2.15	——	——	——
浜島	2.04	——	1.85	——	——	——
尾鷲	1.95	——	1.278	——	——	——

（出典）1. 愛知県　三重県　伊勢湾台風被害概要図
2. 中部地方建設局　伊勢湾台風速報　34.10.6
3. 中部地方建設局　愛知、三重海岸堤防受託工事誌
4. 土木研究所　伊勢湾台風について
（注）高さの基準は東京湾中等潮位による。鳥羽のみは読取値を示す。

　このようにわが国の歴史的な高潮をみても伊勢湾台風は特筆すべきものであった。
　上陸時の中心気圧が 925hPa という超 A 級の台風で、かの伊勢湾全体を危険半円にいれる最悪のコースを進み、35 ～ 45m/s の南寄りの強風を湾奥に向けて吹き続けた、そのため名古屋港一帯では 20 時半から 21 時半頃の 1 時間で 2.3m も潮位が急上昇し、21 時 35 分には高潮の最大偏差は 3.55m

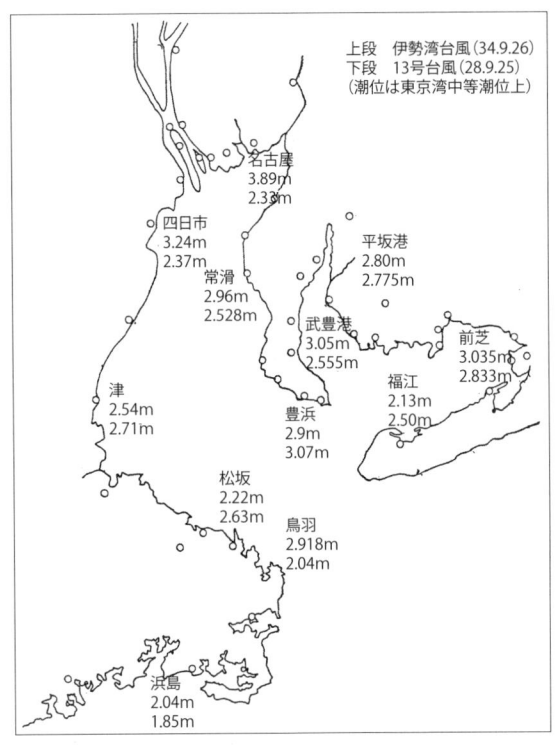

図1.6　伊勢湾台風と13号台風との潮位比較図
出典：『伊勢湾台風災害調査報告』

にもおよび、未曾有の高潮となった。人命の損失5,000人を超える大惨事となった。

　この大災害の起因は今まで述べた気象、海象の諸因子以外に次のような諸条件が相乗して惨事となっている。

　1）被害の最大であった湾奥の木曽三川の河口部は江戸時代以降に干拓された新田地帯であり、いわゆる典型的な海抜0mであり、遠浅の海岸であった。この項については、次の章で詳論する。

　2）堤体の天端高さが十分でなかったのはもちろんであるが、堤防全体をコンクリートで巻き立てる三面張方式による築堤が完成してなかったため、

写真 1.1　水没した関西線長島駅、右は国道 1 号線
出典：『伊勢湾台風災害記録』名古屋鉄道管理局、昭和 35 年

越波により堤体材料が洗い流されて破堤した。

　3）被災地の大半は地盤高の低い海面下にある上に、地盤沈下の著しい地域であり、低湿な土地がより低湿となる悪条件が重なった地域である。そのため湛水水位も深く、その期間も長く、長期におよんだ。長島南部では湛水水位 5.7m、木曽岬村で 5.1m に達し、100 か所以上におよんだ破堤口の完

写真 1.2　浸水した神社、弥富市前カ平神明社、10月6日
出典：『伊勢湾台風の全容』中部日本新聞社、昭和34年

写真 1.3　遺体をイカダで収容する、名古屋市南区白水町、10月1日
出典：『伊勢湾台風の全容』中部日本新聞社、昭和34年

全締切まで100日以上も要している。
　4）名古屋臨海地帯に数多くあった貯木場から、輸入材のラワンが流出し、これが家屋を破壊し多くの人命を奪った。この貯木場からの被害については別項で述べる。
　5）暴風雨による停電のため、ラジオなどによる台風情報が住民に伝わらなかった。その上、高潮の浸入速度が5m/sという速さのため避難が遅れて

写真 1.4　全町、海と化した長島町の住宅、9 月 27 日
出典：『伊勢湾台風の全容』中部日本新聞社、昭和 34 年

写真 1.5　流木で埋まった列車、関西線富田駅、9 月 28 日
出典：『伊勢湾台風の全容』中部日本新聞社、昭和 34 年

多くの人命が失われた。

　以上の原因から史上最悪の大災害となった。その悲惨さを当時の長島町教育委員会が編纂した体験記の中のごく一部を紹介したい。

　そのなかでも高潮について次の体験記が印象的である。"これを津波と呼びかえるだけでかなり恐しさが加わる。気象台の警報にしたって学術報告でないのだから、高潮などといわないで、津波警報とした方がずっとききめがあったにちがいない。"

　流木被害については"せいぜい電信柱ぐらいの太さの丸太棒しか想像しない。ところがとてつもない巨木である。フィリピン産の直径 1m から 1m 半、

重さは何トンという小型戦車みたいなものである。"

被災体験を語る 「悪夢の夜」　　武藤　功（長島町殿名）

　いま、長良川の堤防の下でのんびりと魚釣りをしながら、太陽の光線が水の中で屈折しながらゆらりゆらりとゆるやかに流れている水を眺めているのですが、この水がひとたび他から力を与えられると恐ろしい殺人鬼となって私たちを襲う事がいやでも思い出されます。

　21年前の9月26日の出来事は、本当は思い出したくありません。しかし、命日が来たり、何かの話から当時の話が出たりすると、いやでも思い出さざるをえません。

　当時、台風15号が紀伊半島に向かって刻々と近づきつつあるとき、私は会社から家に帰ってきました。伊勢大橋を自転車で渡る時、傘を風に飛ばされ、ぬれ鼠になって家にたどりつきました。しばらくして妹も台風が来るので会社が早く帰してくれたと、ずぶ濡れになって帰ってきました。家族そろったところで夕食を早々に食べ終りました。

　その頃から風雨も一段と強くなり、家の中も南側半分は雨洩りが激しく、おやじと二人で畳を上げていましたが、あきらめてやめました。屋根瓦が飛んでいる音がするので、裏から廻って風の当たらない木陰で見ていますと、瓦が木の葉のように飛んでいました。家の中に入る時に見ると、石の上に土台を並べただけで建ててあった小屋は跡かたもなく吹き飛んでなくなっていました。

　風が南に廻り、益々風雨が強くなり、家全体がまるで地震のように北に傾き出しました。おやじが角材を持ってきて筋違を入れても、風が少し息をするとはずれてしまいます。手のほどこしようもなく、「家、倒れせんやろな。」というと、「家は絶対倒れることはない！」といったので、大工のおやじの言葉を信用しました。

　（この時、堤防が危ない、切れるかもしれない……と頭のすみにあれば、後に書く悲劇はおきなかったでしょうに）

　その時、濡れても着替える暇もなかった2人に、おふくろが私の古着の

着替えを持って来てくれたので、雨洩りのしない北側で着替えをしました。
　（この時、おやじが何を着たかおぼえていたら、あとでもう一日早くおやじを探し出せたのに）
　風も南に廻ったし、もうしばらくの辛棒だとおやじと話しながら、おふくろたちのいる仏壇の前へ行こうとして、なにげなく土間に目をやったその時、目に入ったものは、戸の隙間から吹き出している水でした。えらいようけ（たくさん）雨が降っているなあ……と思った時、
　門の下から雨戸が折れて一度水が入って来ました。「水入りだー」と呼んで家族全員が２階へ逃げ上がりました。２階へ上って下を見ると、洗濯機がぷかぷか浮いていて、そのうちに仮付の階段が下へ落ちていきました。
　「屋根をやぶって上へ逃げるか。」「いや、風が強いので危いぞ。」とおやじと相談している時、突然家が倒れ、水に流されていきました。水の中に家が倒れこんだ時の祖母の呼び声は、今でも耳の奥に残っています。
　水の中に倒れた時、私は頭までずんぶり沈み、流れていくうちに一度頭が水より出たので、家族全員の名前を呼んだが、誰も私の呼びかけに応えてくれる者はいません。それから、また頭までずんぶり沈み、もうだめだなあーと思いました。しかし、流れている間、なんとか自分の体を少しでも動くようにしようとずい分もがいたのですが、当時２階は藁とがらくたが上げてあり、それにはさまれて身動きできません。なんとか少しでも体が動くようにと体をひねったりしているうちに、やっと体が自由になったので、両手を大きく上げて自分の位置を探そうとしました。しかし、一寸先は闇で、両手を大きく上げて左右に振ったら何かの木に触わり、それが垂木であることがわかり、三角の頂点に自分がいることがわかりました。また、大きく手を動かしたら壁土が手に触わりました。「壁土やったら足で蹴れば破れるかもしれないぞ……」と思い、そこにある木につかまって足でけっても、水の中でけるためなかなか破れなく、やっと壁土と外側の壁囲いを破って外に出た時は、「助かった！」と思ったと同時にずい分明るく感じました。
　近くの家の人に「助けてくれー!!」と大声で何べんも呼びましたが、風の音で呼び声はむなしくかき消されてしまいました。ほんの申し訳け程度に水

面上に出ている私の家の囲りを、水は渦を巻いて流れていました。あらためて自分のいる所はどこかと薄暗い中で見まわしたところ、太田幸男さんの家の前であることがわかり、あと少し流されれば私も助かっていなかったと思いました。おやじたちはこの中にまだいるのだからなんとかして助けようと思いましたが、何と人間の非力であることか、垂木一本取れませんでした。私のはい出た所が水から一番上に出ているのがわかった時、おやじたちのことはあきらめようと思いました。次に私が考えたことは、この強い流れの中を幸男さんの家まで泳げるかということでした。後髪を引かれる思いで飛び込んでなんとか幸男さんの家に泳ぎついて助けてもらった時は、毛糸のセーターとズボンを着たなりでした。
　あくる日から平四郎さんの家に御厄介になり、一部の村の方に家を壊して探してもらいました。一番始めに見つかったのが祖母と母で、祖母は首に電気のコードが巻きついていて、その祖母を母が後からしっかり抱いている形で見つかりました。二番目に妹が見つかり、おやじはその日に見つかりませんでした。あくる日も探してもらいましたが、ついにおやじは見つからず、誰かから流れ出してるのではないのかという言葉が出ました。次の日から、舟を借りて東殿名から押付、農協附近、姫御前と探しましたが見つからず、探し始めてから3日目ぐらいに、現在の東洋プライウッドの寮の西のあたりに一人の男の人が流れていたので舟をよせて見ましたが、顔がずい分丸く違っているようでしたので、そのままにして他の方を探しに行きました。4日目の夜、ふとんの中で、昨日見た男の人の姿を思い浮かべていました。頭は丸刈りで同じだが……顔があんなに丸くなかったし……違うと思うが……。しかしもう一度明日調べてみよう。5日目、前日に見た所を探しに行きましたが、どこかに流れていったかその附近にはいません。探す輪を広げていくうちに、前日よりずい分殿名の方に流れているのを見つけました。
　何べん見ても丸顔だし、それにあの夜はもも引きをはいていたし……と思い、なにげなくズボンのバンドのボタンあたりを見たら、洗濯に出した時のネームが「ムトウ」とあり、あの夜おふくろが着替えを出して私のズボンとはき替えたのだと考え、おやじに間違いないと確信しました。これから後の

出来事は、村の方に大変お世話になり感謝しています。

　以上で私の話は終りますが、当長島町はいつでも当時と同じ状態になることがありうると考えられますし、今後あのような出来事を人災として起こさないために、堤防等はいつでも最良の状態で維持管理してほしいし、私たちも河川敷の石一つもむやみに取ったり移動しないように注意したいと思います。

　伊藤重信編著『輪中と高潮—伊勢湾台風の記録—』（昭和57年）より

4　歴史的にみた高潮災害

　高潮の発生する条件として、①湾の奥行が長いこと、②湾の平均水深が浅いこと、③最大風速が大きいこと、④湾の長軸方向に最大風速が吹くことなどが上げられる。わが国では台風によって発生する場合が多いため、南側に湾口がひらく太平洋沿岸に発生しやすい。具体的には東京湾、伊勢湾、大阪湾、有明海などがそれらの条件を具備している。

　史料から高潮災害とみられるものとして、古いものでは文武天皇大宝元（701）年八月十四日播磨、淡路、紀伊三国言す。「台風潮漲し田園損傷す」（続日本紀巻二）。孝謙天皇天平勝宝五（761）年九月五日、攝津国御津村南風大いに吹き潮水暴溢盧舎一百十餘區を破壊し百姓五百六十餘人漂没す（続日本紀巻十九）、とある。

　中世には一条天皇の永延二（988）年八月十三日畿内の海辺の民畑、人畜及び田畝、洪水高潮のため皆没し死亡損害多く天下の大災にして古今無比なり。また堀河天皇寛治六（1032）年八月三日、諸国台風洪水ありて高潮の為め、民畑田畠に浸水し海の如くなり百姓死亡する者無数なり（扶桑略記巻三十）、とある。

(1) 木曾川河口部（長島輪中）の歴史的高潮災害

　伊勢湾最北部に位する木曽三川の河口部は古来、洪水常襲地域であり、その対応として囲堤の輪中により水防共同体を形成してきた。

その史料によると天文三（1534）年より昭和28（1953）年の間に64回の水害をうけている（表3.1）。これらのうち「長島は高浪にて堤破れ暴潮田圃を害す」「大風高波にて入水水没　亡所」とか「大風高波」「大風高潮」などと記された高潮災害によるものと考えられるものは、14回も数えている。

宝永五（1708）年には大風高潮が発生、多くの被害をうけたので、幕府は領内の荒廃地復旧対策として翌年に一万余石を長島藩に加封している。さらに宝永七（1710）年に黒田豊前守、細川熊治郎に御手伝普請を命じて、加路戸、葭ヶ須輪中の復旧工事を行っている。

正徳元（1711）年8月に大風高潮により亡所が続出し、続いて正徳四年8月8日にも大風高潮により加路戸輪中南部が全滅している。その後の防災対策として、享保元（1716）年に長島輪中の上郷（高位部）の平方村より小島村にいたる中堤を築いて、被害を小限度にするため輪中を分割する対策を施工している。

その後、享保五（1730）年と翌々年の同7年に大風高潮が発生している。この度重なる災害の復旧のための堤防修築に必要な土砂備蓄のため、葭ヶ須、源緑輪中の入水荒地の一部を土砂土取場に定めている。

延享四（1747）年の大風高潮によって木曾川左岸の雁ヶ池が、押堀砂入のため亡失田となっている、その後も水害は続き八幡社において再々、水難除の祈願を行っている。

文化年間（1804～1816）には3回の水害被害を、天保六（1835）年、同9年に大風雨による破堤が記録されている。この頃に頻発する水害の原因として、上流部において宝暦四年から五年（1754～1755）にかけての御手伝普請として知られる宝暦治水による水行支障によるものとされている。

安政六（1859）年と翌年の万延元年に続いて大風高波により葭ヶ須、老松輪中の大部分が亡所となり死者75人から100人を出している。さらに同年7月12日と5日後の7月17日に再度の大風高波をうけ、収穫皆無となっている。

明治には同3（1870）年9月18日の大風高波により、古長島輪中（高位部の輪中）のみで78戸の潰家となり、当時の「当時乞喰罷出候者名前書上帳」によると同輪中千倉では35人が乞食となって出村している。

(2) 各地の近現代の高潮災害

表 1.5、表 1.6 にみられるのは大正 6（1917）年から昭和 34（1959）年の間の、高潮偏差の最大偏差 2m 以上のものを表化したものである。

これら以外にも検潮設立以前にも各地で高潮の史料が残されている。

①東京湾

明治 4（1871）年 7 月 19 日

大風雨、深川、鉄砂洲、砂村、逆井、堀井（南葛飾郡）、猫ざめ、行徳（下総国）、海嘯、今井村（南葛飾郡）人家 80 余宇流失（続武江年表）。

明治 30（1897）年 9 月 9 日

暴風雨、海濤舟船を損じ堤防を壊り、隅田川其他の出水と相待ちて、牛込、小石川、浅草、本所、深川等の所々に浸水、罹災窮民 200 戸。

明治 44（1911）年 7 月 26 日

台風進路浜松、所沢、東京気圧 727 粍、風速 31m/s　暴風雨、深川区の被害最も甚だしく、高潮洲崎遊廓の堤防を破壊し幾多の死傷潰家を出せり、死者 52 人、行方不明 10 人、建物全潰 345、流失 11、浸水約 96,000 戸。

東京湾における明治末年まで 320 年間に暴風による海嘯は、9 月 12 回、10 月 5 回、8 月 3 回、7 月 1 回の 21 回。

大正 6（1917）年 10 月 1 日

台風進路伊豆半島東北部、東京風速 1 日午前 3 時 39m/s、死者 509 人、行方不明 54 人、全潰家屋 3,258、堤防欠潰 4290 間。

高潮は 2 回襲来した、月島市街の第 1 回が道路上 125cm、東仲通の堤防付近で 165cm、洲崎では道路上から 6 尺 1 寸（185cm）から 6 尺 2 寸くらいの所が多かった。2 回より第 1 回のほうが 10cm ほど高かった。

当時弁天町 1 丁目の目撃者の話によると、「初め海水が前面の道路に溢し

表 1.5 1900〜1959 年の間に発生した潮位偏差が 2m 以上の高潮と湾名
（農業土木学会、1960）

発生年月日	発生湾名	最大偏差(m)	原因
1917.10.1	東京湾	2.3	台風
1930.7.18	有明海	2.5	台風
1934.9.21	大阪湾	2.9	室戸台風
1945.9.10	鹿児島湾	2.0以上	枕崎台風
1950.9.3	大阪湾	2.4	ジェーン台風
1956.8.17	有明海	2.2	5609号台風
1959.9.26	伊勢湾	3.55	伊勢湾台風

来りしより高さ約 2 尺を増して下床階段に上る迄は増水徐々たりしが、雨後 4 尺を増して算高水位に達せるには頗る急激なりき。二階に避難して刻々水位増減に注意しつつありしに、一度減水せしが暫時して再び増水したり。但第 2 回の増水は第 1 回より梯子一段だけ低位に止りたり。

　築地方面では、明石町や水上署附近は、月島、洲崎に劣らぬほどの増水で、海岸に大小の船を打ちあげた。木挽町 1 丁目あたりでは土間から 1m の高さにのぼった。」

　羽田方面では 1 回しか押しよせなかったが、穴守稲荷付近が地盤が低いため最高水位は道路上 6 尺に達し、鈴木新田で破損した家は稲荷橋付近に押流された。

昭和 13（1938）年 9 月 1 日

　台風進路八丈島、横浜、東京、風速 31m/s、本所、深川、城東など、7 時近くに風が南へ変ったため高潮となり、中川の堤防欠潰による浸水により、大半は水中に孤立する有様であった。死者 7 人、行方不明者 4 人、家屋全潰 395、浸水家屋 30 万戸以上。

② **大阪湾**

大正元（1912）年 9 月 23 日

　22 日夜四国南東部に上陸、23 日未明大阪付近に上陸、日本海よりオホーツク海に去る。大阪気圧 714 粍（測候所創立以来最低）風速 25.9m/s（瞬間

表 1.6　1959 年までに観測された主要検潮所における最高潮位
（農業土木学会、1960）

検潮所	T.P.上潮位(m)	起時	原因
東京(東京湾)	1.57	1953	13号台風
清水(駿河湾)	1.56	1953	13号台風
名古屋(伊勢湾)	3.89	1959	伊勢湾台風
大阪(大阪湾)	3.1	1934	室戸台風
呉(瀬戸内海)	2.51	1954	15号台風
三角(九州)	2.65	1946	12号台風

42m/s）沿岸一帯に高潮襲来し安治川、木津川、尻無川等市中海筋に海水逆流し、浸水家屋 23,000 戸、全潰 121 戸、死者 3、気圧は室戸台風より 1 粍低かったが、風が弱かったので高潮の災は比較的少なかった。

大正 10（1921）年 9 月 25、26 日

台風は紀伊半島、奈良、敦賀湾と通過、大阪気圧 728 粍、風速 25m/s 高潮にて元大阪測候所附近において地上 1 尺の浸水、降雨が多く淀川氾濫、浸水家屋約 6,000 戸、全潰 595 戸、死者 21 人。

昭和 4（1929）年 8 月 15 日

台風は室戸岬、四国東部、播磨灘、日本海　北陸道と通過、大阪気圧 741 粍、風速は 14.5m/s であったが風速が南西のため高潮浸水家屋 2000 戸、流村多数。

昭和 8（1933）年 9 月 4、5 日

台風は鎮海湾、敦賀湾沖、秋田沖を通過、大阪気圧 739 粍、南西風 18.6m/s、高潮大阪測候所築港派出所前地上 7 寸浸水、浸水戸数 27,000 戸。

昭和 9（1934）年 9 月 21 日（室戸台風）

台風の進路は 21 日午前 5 時頃四国南東部をかすめ、紀淡海峡、大阪と神戸の中間に上陸、琵琶湖、富山湾より日本海に出た。大阪気圧 715.8 粍、風速 8 時に 29.8m/s、8 時 3 分ダインス風圧瞬間 60m/s、風力計吹飛ぶ。

高潮は大阪測候所築港派出所前 8 時、2.73 尺、8 時 14 分 7.34 尺（最高）8 時 20 分退潮を始む。9 時 2.89 尺、10 時 1.37 尺、11 時 0.88 尺、午後 5 時 40 分全部退水、天保山桟橋に新設中の検潮所壁面痕跡最高（OP 上

16.83 尺、港湾部測定 OP 上 17.66 尺、大正区鶴橋通 OP 上、18.71 尺)。

浸水区域中明治以降埋立てた所以外の大部分は、徳川時代に水田として干拓した地域である。府下の被害は死者 1,812 名、行方不明 76 人、全潰家屋 6,511 戸、流出 700 戸、浸水家屋約 183,000 戸、なお高潮の襲来が昼間であったことは、伊勢湾台風との比較にあたり留意すべきである。(OP は Osaka Peil 大阪湾の干満中位)

満潮時の浸水防止のための応急締切は 9 月 28 日に完了した。

③島原湾(熊本県)

大正 3 (1914) 年 8 月 25 日

熊本にける気圧 736 粍、風速 21.8m/s、被害は 7 郡 104 町村に及び、死者 22 人、水田 2069 町、家屋 8,171 棟。

大正 4 年 (1915) 年 6 月 28 日

熊本の気圧 749 粍、風速 70.9m/s、飽託郡畠口村 74 町浸水、浸水家屋 53 戸、死者 4 人。

大正 4 (1915) 年 9 月 8 日

飽託郡沖新村、畠口村 250 町歩、家屋 79 戸。

大正 7 (1918) 年 7 月 12 日

熊本の気圧 728 粍、風速 19.2m/s、飽託郡畠口村、沖新村浸水 74 町歩、家屋 41 戸。

大正 8 (1919) 年 8 月 16 日

熊本の気圧 737 粍、風速 18.2m/s、玉名、飽託二郡、堤防決潰 15 ヵ所、浸水 526 町、浸水流失家屋 155 戸。

昭和 2 (1927) 年 9 月 13 日

台風の中心は雲仙岳附近を通り、午前 9 時の同地方の気圧 734 粍、風速 49m/s、風向は南南東で、9 時 30 分頃西に変る、ところが熊本においてはこの時なお 3m/s にすぎなかった。10 時には 26.6m/s に達し、11 時の気圧 737 粍。

年間の最大満潮の季節で高潮とが一致した三池港において高潮位上 4 尺、

飽託郡川口村二丁観測所において 5.3 尺である。

　飽託、玉名、宇土三郡において死者 413 名、潮受堤防決潰 12,980 間（全延長の 60％）、河川堤防（白川、緑川、坪井川、菊池川の感潮部）欠潰 72 ヵ所、延長 3,410 間、第 2、第 3 堤防欠潰ヵ所 51 ヵ所、延長 4,125 間、浸水耕地 3,574 町歩、流失全潰家屋 1,713 戸、浸水家屋 2,356 戸。

　明治以来最大の潮害である。高潮の襲来が夜間であったら、死傷はさらに多くなった。

④ **有明海（佐賀県）**

明治 26（1893）年 10 月 14 日

　佐賀気圧、989.6mb、風速 26.4m/s、死者 64 人、全潰家屋 4,830 戸。

明治 28（1895）年 7 月 24 日

　佐賀気圧 962.3mb、風速 26.4m/s、死者 14 人、全潰家屋 4,658 戸、堤防欠潰 17。

大正 3（1914）年 8 月 25 日

　佐賀県下死者 16 人、全潰家屋 187 戸、床上浸水半壊約 6,000 戸、堤防欠潰 434 ヵ所、浸水耕地約 7,000 町歩。

昭和 5（1930）年 7 月 18 日

　佐賀気圧 972.8mb、風速 32.7m/s、死者 28 人、全潰家屋 5224 戸、半壊 3661 戸、床上浸水 771 戸、堤防欠潰 29 ヵ所、浸水耕地 1328 町歩。

⑤ **大村湾（長崎県）**

明治 38（1905）年 8 月 16 日

　台風進路、沖縄南西、東支那、熊本、九州北部、長崎気圧 991.4mb、高潮、死亡高島炭坑 1,745 人、五島列島 1,200 人。

明治 39（1906）年 10 月 24 日

　台風進路奄美大島北、長崎五島間、長崎気圧 993.0mb、鹿児島サンゴ船行方不明（700 人死亡）五島列島 600 人死亡。

大正 3（1914）年 8 月 25 日

台風進路奄美大島、北九州関門、日本海、長崎気圧 794.6mb、風速 29.5m/s、有明海高潮 1.2m。

大正 8（1919）年 8 月 16 日

台風進路沖縄方面、北北東、朝鮮海峡、日本海、長崎気圧 977mb、風速 33.5m/s、高潮島原半島南高北高堤防欠潰、浸水 120 町歩。

昭和 2（1927）年 9 月 13 日

島原鉄道 3 哩欠損、島原南高死者 34 人、浸水 2523 戸。

昭和 5（1930）年 7 月 18 日

台風進路沖縄西方、五島列島富江東、巌原東、長崎県下死亡 102 人、住家全潰 1,235 戸、半潰 1649 戸。

参考文献

『伊勢湾台風災害対策調査報告書』所収「主要干拓諸地域に関する資料」農業土木学会　昭和 35 年

『伊勢湾台風気象概説』名古屋気象台　昭和 35 年

『伊勢湾台風復旧工事誌』（上）（下）中部地方建設局　昭和 38 年

『体験、伊勢湾台風―語り継ぐ災害・復旧―』建設省木曾川下流工事事務所　昭和 60 年

第2章　被災地の土地条件

1　水害地形分類図と土地条件

　災害の特性を調査するとき、その自然的営力もさることながら、それをうける土地条件が大きく左右する。とくに水災害の場合、その降水量、風力をうける地域の変容や土地履歴が深くかかわっている。

　縄文海進以降の完新世における堆積平野ではとくに顕著である。わが国の社会資本の集積した大都市のすべてはこの平野に立地している。

　堆積平野と微地形との相関研究の嚆矢は、大正12（1923）年の関東大震災時に、洪積台地に立地した山ノ手と、沖積低地の下町を比較したとき、家屋の被害状況に相違のあることが地理学者の間に知られたことがある。しかしこの調査研究はそれ以降進捗しなかった。

　その後、災害と微地形との相関は近年では深化された。例えば阪神・淡路大震災において埋没地形の旧河道に立地した家屋の被害の大きかったことが調査報告されている。また人工地形の埋立地の被害状況など精査されて報告されて警告されている。

　水害と地形との相関を科学的に論究したのは、昭和30（1955）年に大矢雅彦が総理府資源調査会にて調査刊行した「木曾川流域濃尾平野水害地形分類図」である。

　この水害地形分類図が刊行された4年後に伊勢湾台風があった。この台風時にみられた浸水被害は、水害地形分類図の予告した水害の型と一致しており、洪水の型は地形によって決定されることを証明した。この事実に当時の中部日本新聞（現中日新聞）は"地図は悪夢を知っていた" "仏（科学）作って魂（政治）入れず―ピッタリ一致した災害予測―"と大きく報じた（写真2.1参照）。

写真 2.1　新聞に報道された伊勢湾台風と水害地形分類図
―昭和 34 年 10 月 11 日付、中部日本新聞―

　この分類図の解説に「災害ニッポン　後手集」として次のように新聞記事にしている。「わが国は台風の銀座通りに位置し、毎年シーズンともなると、いくつかの台風が無残なツメ跡を残していく。文字通り雨に泣き風に泣く災

害ニッポンである。しかしこの自然の猛威を天災とする考えはもう古い。こんどの伊勢湾台風にしても被害を最小限度にくいとめる手はいくつかあったはずである。……この地図は昭和29年、総理府資源調査会の水害地形小委員会が、木曽、長良、揖斐の三大川をひかえるこの流域が、洪水、高潮があった場合、①どんな場所が②どの程度の被害を受け③水がどのようにたまり④排水状態はどうなるかなどを調べるため、着手したのがこの地図作りだった……ところができ上がったのを岐阜、愛知両県の土木課、耕地課に10部ぐらいずつ送ったが反応は全くなかった。……"大矢技官は万里の長城を作れといってもムリですが、少なくとも自分の家が洪水が起こった場合、非常に危い位置にあるとの自覚を各人がもつほどには役に立てたかったですね"とつぶやくようにいって首を振った。

この図は国会でも紹介されて政府も認めることとなり、国土地理院の「土地条件図」(Land Condition Map)として予算化されて全国の主要地域で作図されるようになった。これが今日のハザードマップ(Hazard Map)となった経緯である（図2.1 参照）。

伊勢湾台風を予測した水害地形分類図の作図者、大矢雅彦は「地形の性質より、万一洪水があった場合、どのような地域がどのような型の洪水を受け、どのような被害を受けるか知ることができる。」と述べている。事実、地形分類図による低位三角州と自然堤防地帯の境界が、浸水域の限界にほぼ一致したことから、分類図の有効性が実証された。

日本の平野の大半は堆積平野であり、微細な高低や砂礫の埋積状態は洪水の歴史を示すものである。平野の微地形を分類することによって、洪水時の冠水の有無、湛水期間の長短、流水の方向、速度、土砂の侵食、堆積など洪水の型を知ることができるはずである。

分類図で凡例としてあげたうち、低位な堆積平野について、凡例説明をさらに詳細な解説をしたい。

〔**自然堤防**〕高燥な部分については通常は冠水せず——扇状地帯に続く標高12m以下の氾濫平野で、縄文海進以降に形成された微高地にあり、人間が人工堤防によって河道を固定する以前の自由蛇行時代の氾濫堆積物であ

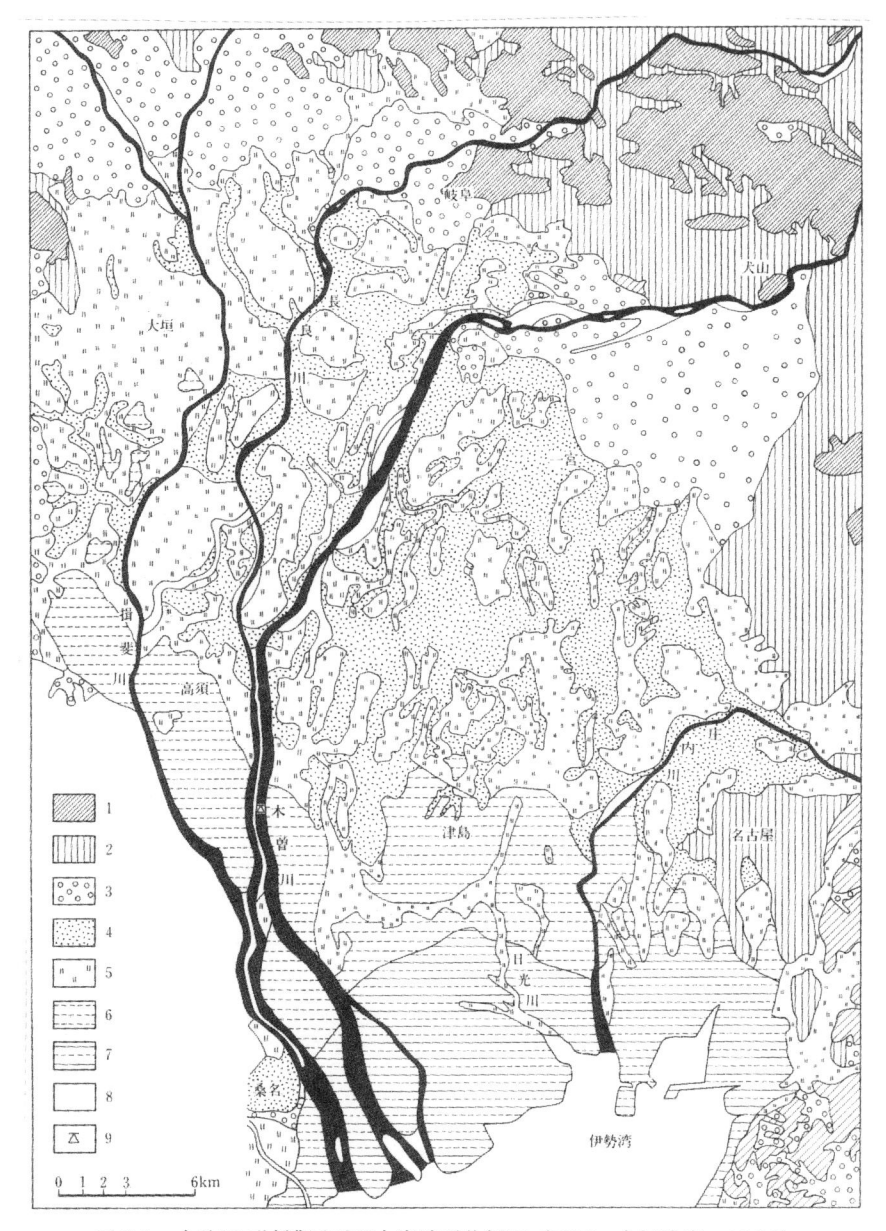

図2.1 木曾川下流濃尾平野水害地形分類図（原図：大矢雅彦、1956）
凡例 1：山地 2：台地 3：扇状地 4：自然堤防 5：後背湿地
6：三角州 7：干拓地 8：河原 9：感潮限界

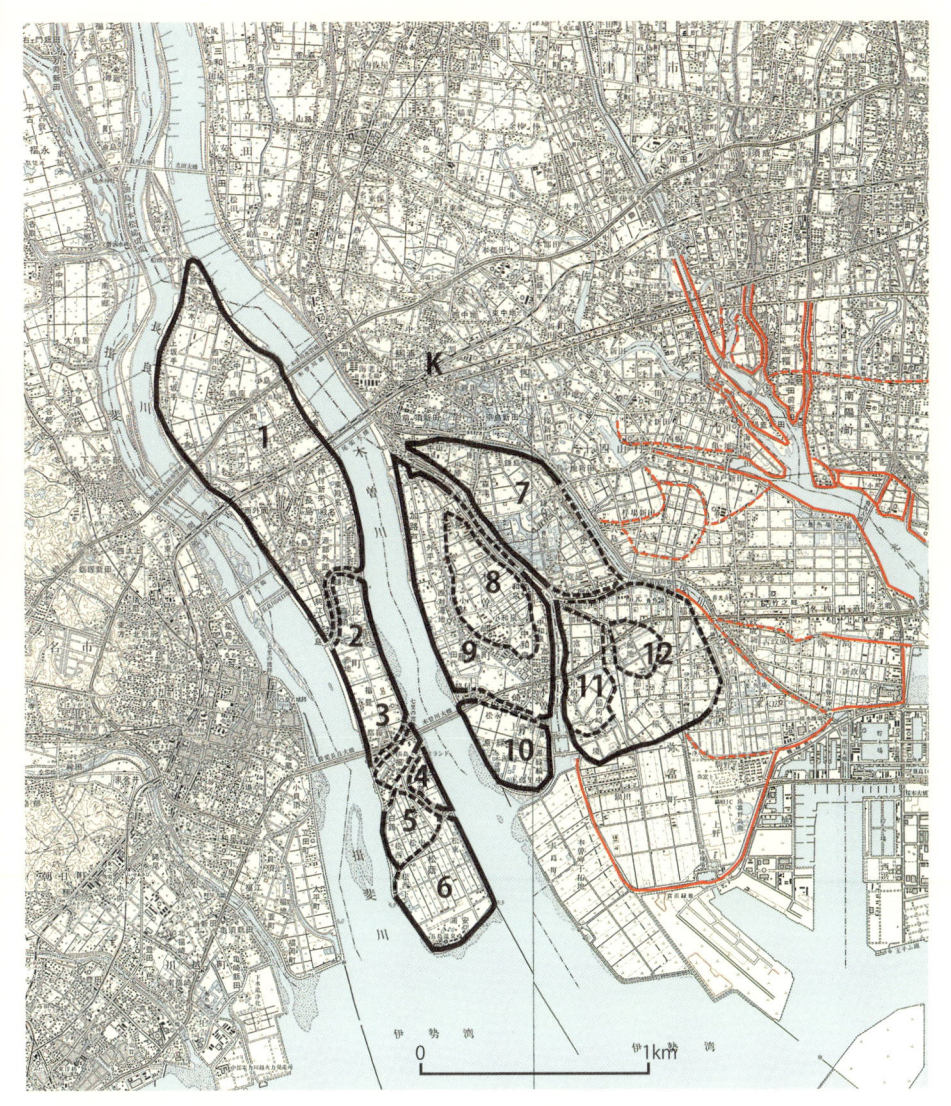

図 2.2　木曾川河口部の輪中集落（黒線）と新田開発（赤線）
伊藤安男原図、破線は取り壊されたもの及び削り下げられたもの。
新田集落は 1800 年以降のもの。
凡例　1：古長島輪中　2：葭ケ須輪中　3：都羅輪中　4：横満蔵輪中　5：老松輪中
6：松陰輪中　7：森津輪中（鍋田）　8：加路戸輪中　9：木曽岬輪中　10：源緑輪中
11：加稲輪中　12：三稲輪中　K：JR関西線
国土地理院 1：50000 地形図「桑名」「名古屋南部」を使用（平成 7 年、12 年修正）。

り、この自然堤防に挟まれた地形が後背湿地である。弥生時代の初期には自然堤防上に集落は立地し後背湿地に水田を開いた。

この自然堤防帯の南端は海津市高須から津島、甚目寺、名古屋北部にいたる線で、標高12mから2mの間である。自然堤防は自由蛇行時代の河川氾濫のため、その分布状態から旧河道の復原が可能である。

なお自然堤防は通常の洪水では冠水することはないが、後背湿地は異常の洪水時には冠水する。また排水不良の内水により湛水しやすい。

〔三角州　高位〕異常の洪水時に冠水する。（きわめて低い自然堤防を含む）
〔三角州　中位〕異常の洪水時に冠水する。（旧流路を含む）
〔三角州　低位〕洪水時に最もよく湛水する最も低平な部分。海面下の所、及び後背湿地中のとくに排水不良の地域。

——河口部に堆積した低平な平野で主としてシルトからなる。大半は海抜0m地帯と称される地域である。自然堤防帯の低位部にもみられる。その分布は海津市南部から愛西市南部、蟹江町にかけての地帯である。作図者の大矢雅彦はこれをさらに高位、中位、低位に分類しているが、これらのうち大部分は低位三角州であり、洪水時に最もよく湛水する低平地である。またこの地帯では地盤沈下の著しい地帯である。

〔干拓地〕凡例では干拓地を一括して新田として取扱っている。そして慶長六（1601）年から明治34（1901）年までの間を、50年単位で7分類している。干拓地については凡例のみで説明を省略しているが、その著書『地形分類の手法と展開』（古今書院　昭和58年）では、次のように記している。

——低位三角州の南端の低位部に分布する人工地形による新田地帯である。この干拓地を慶安三（1650）年以前に造成された旧期のものと、1651年以降の新規のものとに分類され、伊勢湾台風の高潮の最も大きな被害を受けたのは新規干拓地である。——

なお長島町南部（長島輪中群南部）および筏川以西の新田は干拓型輪中である（図2.2、図2.3参照）。

水害地形分類図による地形分類のうち、最も被害の大きかったのは干拓新田である。木曾川河口から名古屋港にかけて広大な干拓地がある。具体的に

はJRの関西線以南、および日光川左岸域は西福田から南陽町、下之一色以南より名古屋港にかけての地帯であり、その東西線以北は本田となる。開田初期の慶長以前は湿地や入海であった。

木曾川河口部の長島輪中群北部の高位部の本田地帯は地高であり、低位部の新田地帯は低湿地であり海抜0m地帯となっている（図2.2参照）。

この両者の地形的環境の相異―上流の高位部（上筋、上郷）と下流の低位部（下筋、下郷）―から双方に水論が生ずる。とくに江戸時代中期以降に河口部に干拓新田が開発されると、上郷の古輪中は水行に障りがあるとして、新規開田の差止を訴願する水争いとなる。木曾川河口部の新田開発は、上流部（高位部）より下流部にかけて開発されるが、開田には囲堤による（懸かけ廻まわし）輪中を形成―干拓型輪中―をとっていく。

その結果、汀線の前進の速さは利根川河口、筑後川に比較しても早く、伊

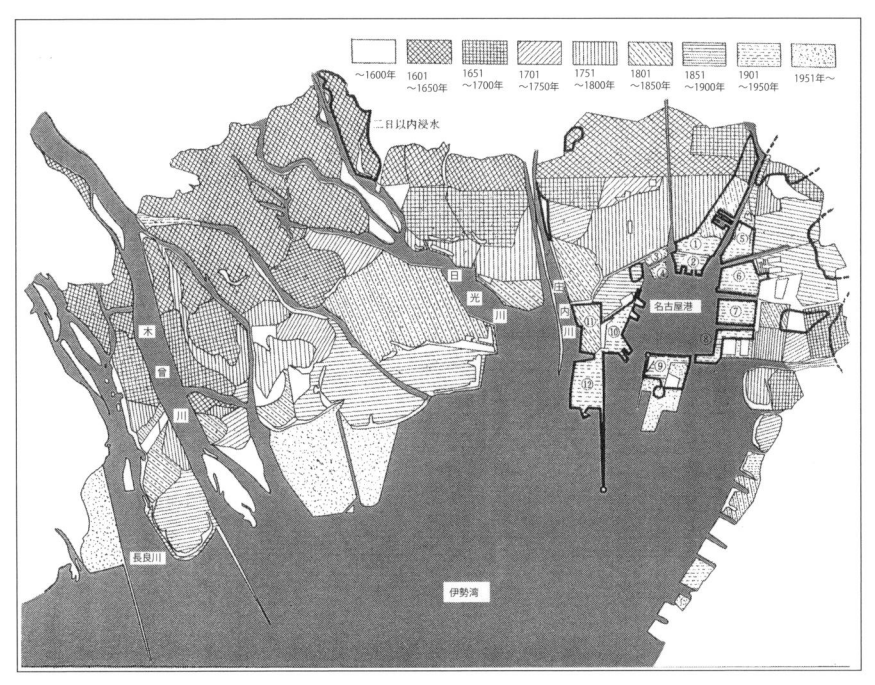

図2.3　濃尾平野干拓埋立年代図
出典：伊勢湾台風災害調査報告、昭和35年

36

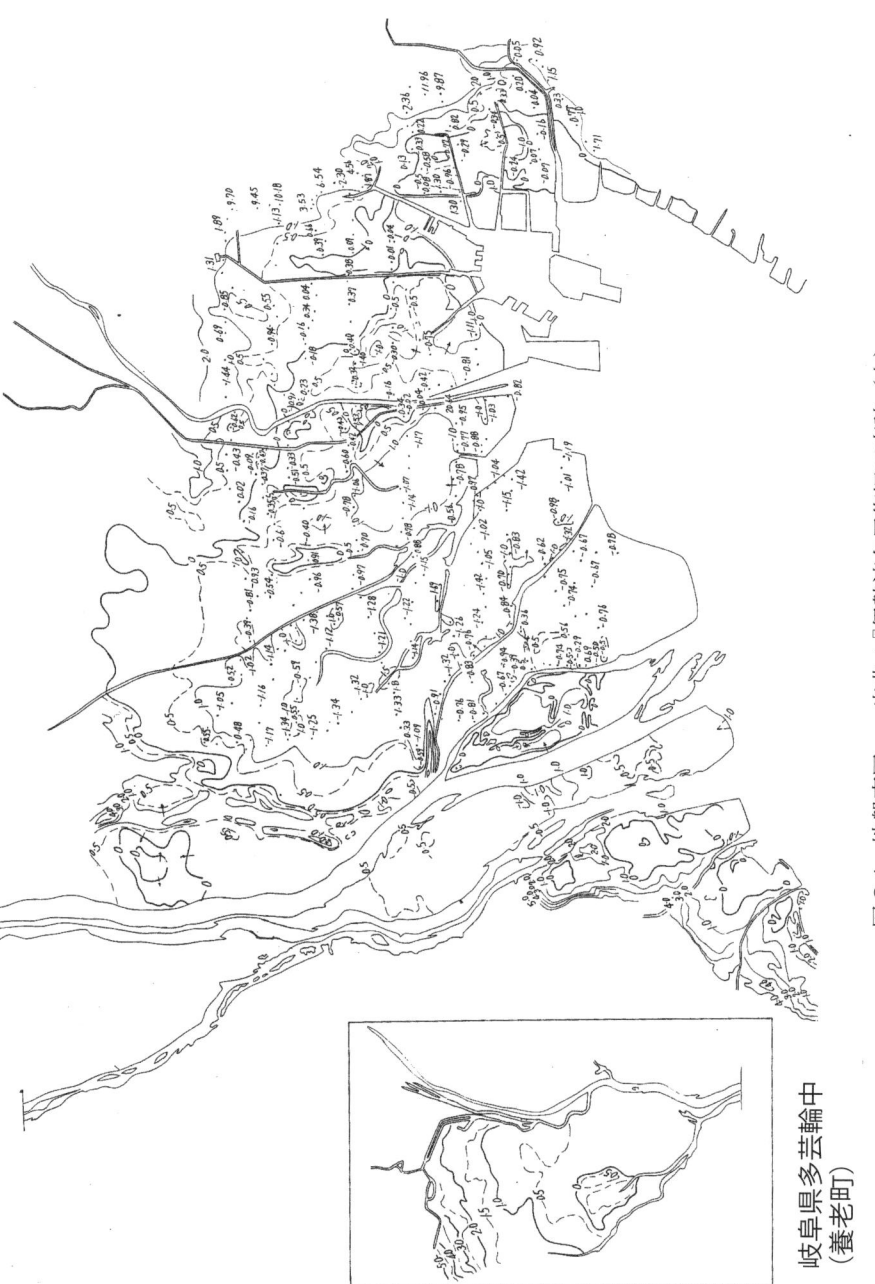

図 2.4　地盤高図　出典：『伊勢湾台風復旧工事誌（上）』

岐阜県多芸輪中
（養老町）

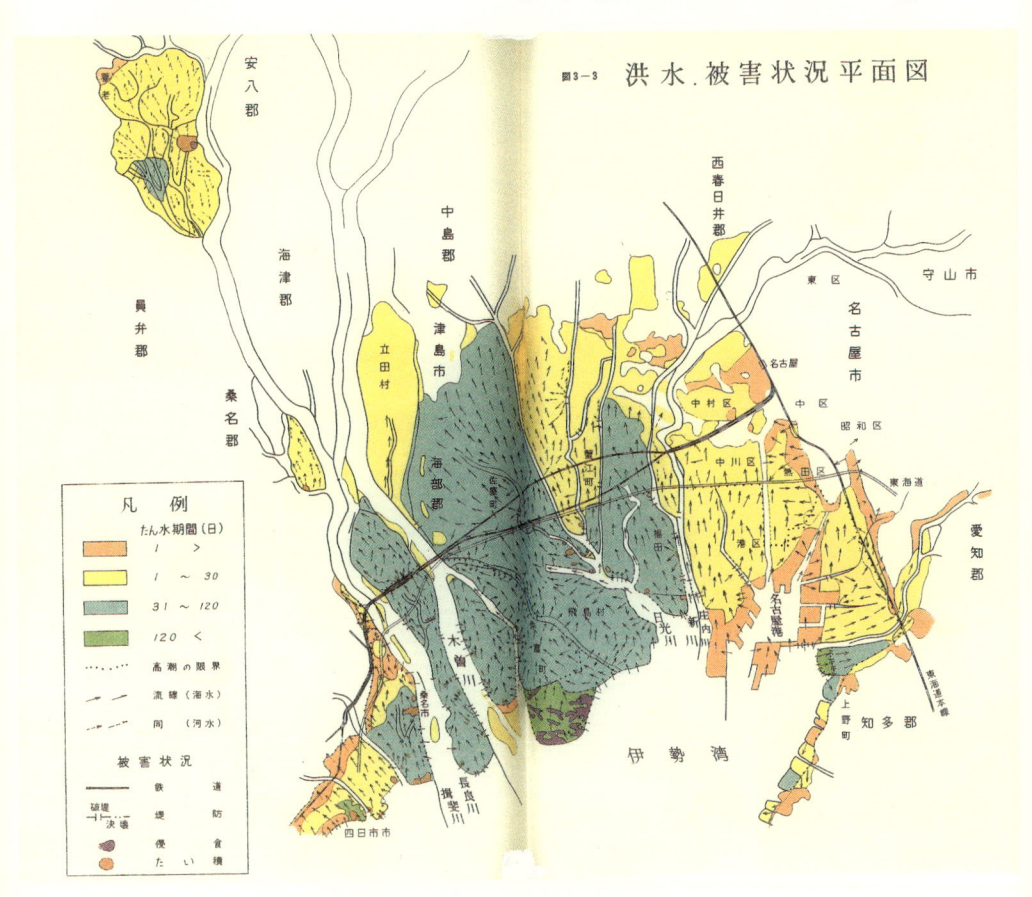

図 2.5　洪水・被害状況平面図
出典：『伊勢湾台風復旧工事誌（上）』昭和 35 年

　勢湾沿岸についてみると木曾川河口では 200 年間に 8,600 m（43 m／年）、庄内川河口で 180 年間に 5,000 m、天白川河口は 80 年間に 2,500 m におよんでいる。とくに木曾川河口の速さは、他の河川に比較しても土砂供給量がきわめて多量であることにも起因しているが、この河川堆積による砂堆の形成もさることながら、海面干拓による耕地造成が大きい。
　河口部の干拓がとくに進行した時代は、寛永末より元禄（1642 ～ 1703）

までと、享和より天保年間（1801～1843）までの間であった。これらの地帯は図2.4の地盤高図にみられるように、標高はきわめて低く大部分は0m以下である。したがって満潮時には海面以下となる。

そのため高潮をうけると大きな被害を受ける地形的環境にあった。しかしこれらの地域でもその被害状況は、慶安三（1650）年以前に開田された旧期の古新田と、それ以後に造成された新規の新田と比較すると相異がみられる。伊勢湾台風の場合、古新田は新規の新田と比して地盤高も若干高く内陸部に位置し、海岸に直面していないため、高潮の速度も遅く湛水水位も3mで、その期間も16日から50日であった。対して新規のものは高潮の直面を受け湛水水位も5.7mから3mに達し、その期間も長期の50日から80日におよんでいる（図2.5参照）。

その上、長島、木曽岬の両輪中は、長島は木曾川と長良川、木曽岬は木曾川と鍋田川の河間にあるため、高潮の洪水波はこの堤防間をオーバーフローすることなく流速を早めて北上して各所で破堤して被害を大きくしており、この両輪中の新規干拓地は、鍋田干拓地とともに伊勢湾台風の全被災地の中でも最大の被害地となっている（図2.6、図2.7参照）。

2　土地履歴からみた災害の地域性

伊勢湾台風の被災地の被害状況、具体的人的被害（死亡者数）、物的被害（流失家屋）に、また湛水期間、湛水水位などの激災地の大半に共通することは、輪中地域であることである。

その被害には台風にともなう高潮、そして降水量などが上げられるが、それをうける土地条件として、輪中地域であることが重要である。

輪中とは木曽三川合流域の洪水常襲地帯において、その洪水への対応として囲堤によって防御された水防共同体を輪中地域と称した。

輪中地域の洪水多発の要因は西濃平野（濃尾平野西南部）から、伊勢湾河口部にかけて木曾川、長良川、揖斐川の木曽三川が合流していることが最大の自然的要因である。

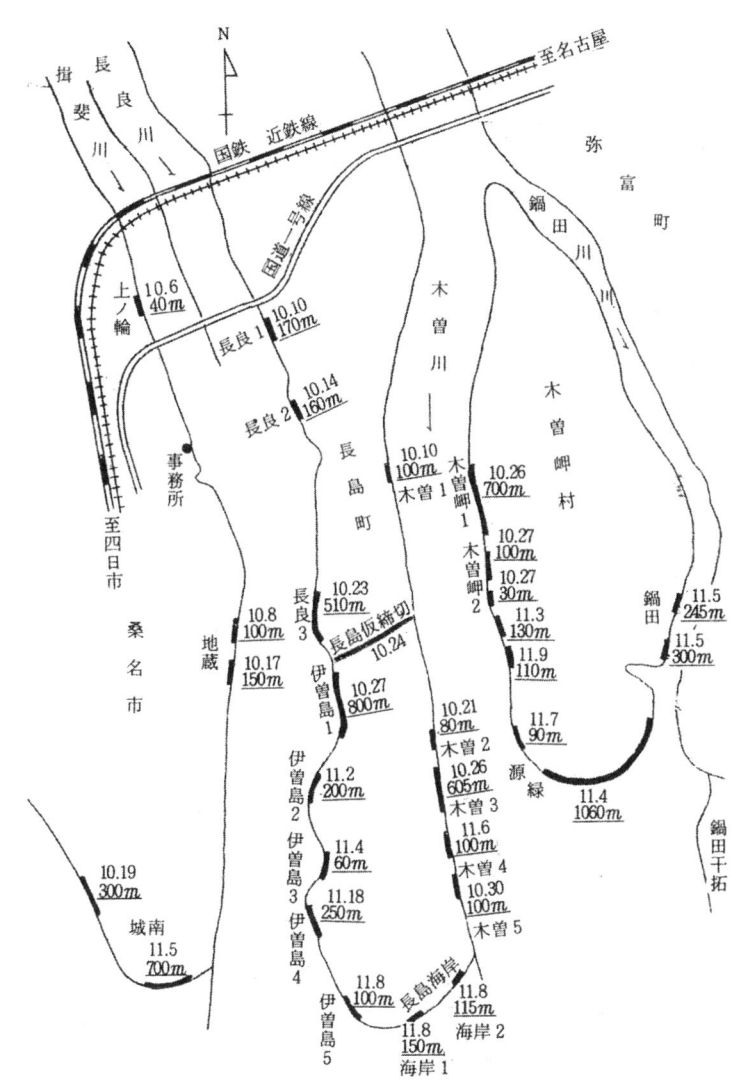

図2.6　破堤箇所延長及び潮止完了月日図
出典：建設省中部地方建設局木曾川下流工事事務所『伊勢湾台風』

(1) 輪中開発の矛盾

　長島輪中、木曽岬輪中、鍋田輪中は木曽三川河口部の干拓型輪中の輪中

40

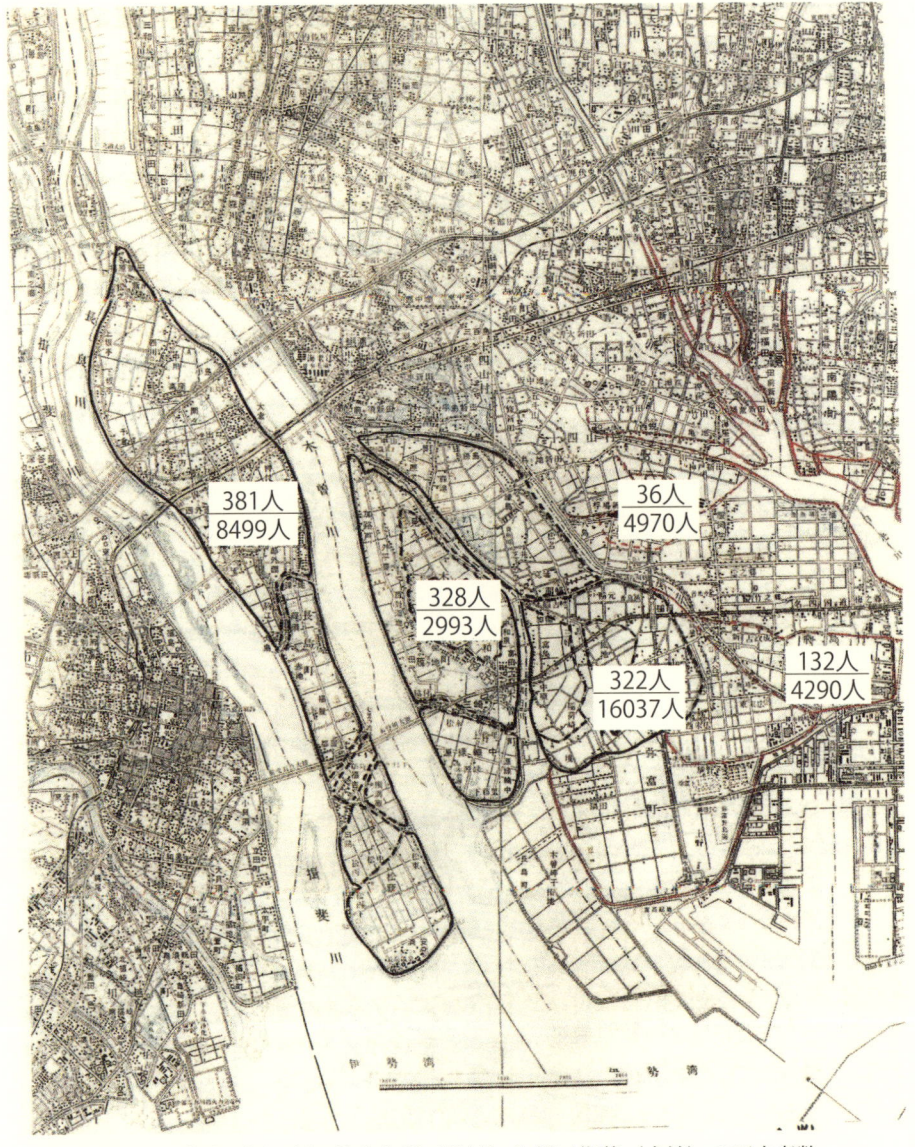

図 2.7 木曾川河口部の輪中集落（黒線）と新田集落（赤線）の死亡者数
分母は当時の人口

である（図 2.2）。長島輪中は木曾川と長良川の河間にあり、古長島、葭ヶ須、都羅、横満蔵、老松、松蔭などの小輪中が複合して形成された輪中である。その規模は南北約 8,000 m、東西の最も広いところで 1,200 m、狭小な部分は約 900 m、河口部に相当する松蔭で約 1,250 m である。この南北に長形の河口部、長島海岸の潮除堤が高潮により、3 か所でそれぞれ 100 m、150 m、115 m にわたり堤高 6.3 m 海岸堤防を破堤した高潮波は、木曾川と長良川の河間の袋状の狭長な輪中を北上した。当時の両川は極端な天井川のため溢流することなく、洪水波は収斂され島状の河間で波力を強めて被害を大きくした。図 2.7 で示すように、当時の長島町人口数 8,499 人のうち 381 名の死亡者、流失および全壊家屋 476 戸の被害となった。

　この被害は死亡数でみれば、名古屋市南区の輸入の巨木ラワンの流入による被害および鍋田干拓地を除せば最大の被害率となった。結果的には洪水への対策として形成された輪中は、高潮災害に対して大きなデメリットをもつことになった。

　長島輪中に次いで大きな被害を受けたのは木曽岬輪中（木曽岬町）である。この輪中は西に木曾川、東に鍋田川（木曾川の旧河道、伊勢湾台風後、廃川となる）の河間にあり、南北約 3,300 m、東西は最大幅約 1,000 m の楕円形の輪中であり、加路戸、木曽岬、源緑の各輪中が複合した輪中である。

　輪中の開発過程は、北部の加路戸は、江戸時代初期の慶長六年から慶安三年にかけて開発され、木曾川の砂堆の形成とともに南部へと開拓前線は進み、南端の源緑輪中が最終的に干拓されるのは 19 世紀の初頭である。

　高潮は海岸堤防の防潮堤を 1,060 m にわたり破堤させて、河間を北上し、北端の上加路戸では 4.23 m に達した。これを南端の破堤地との比高差 0.95 m で高潮高度は源緑地区では 5.18 m と計測されている。この高潮高度をみると、その洪水波は木曾川、鍋田川間に収斂されて、おとろえることなく河間を北上したことになる。

　外水対策として築かれた輪中堤が、強大な高潮では逆に災害を激化させたのである。そのため被害も大きく、当時の人口数 2,993 名に対して、死者、行方不明者 328 名、流失家屋 173 戸、全壊 93 戸となっている。

これらの被害と木曾川河口部の狭小な区域の干拓輪中、長島、木曽岬、鍋田（弥富）の各輪中を総計すると、死者（行方不明者を含む）は1,031名となり、名古屋市南区、港区の流木による死者数1,792名を除くと、その被害比率のきわめて高いことが知られる。

(2) 濃尾平野造盆地運動と三川合流

　木曾川河口部の干拓型輪中が被害甚大であったのは、海抜0m地帯という地形的環境以外に、木曽、長良、揖斐の木曽三川の合流という地形的基礎にある。

　わが国の平野はヨーロッパの構造平野（侵食平野）と異なり堆積平野である。具体的には後氷期の海面上昇時に沈水した。これを一般に縄文海進と称している。海進の最奥部は西濃平野ではJR大垣駅付近まで入海であった。そこに木曾三川に氾濫堆積物により現在の平野が形成された。

　その堆積物のシルト、粘土は木曾川河口付近で層厚約50m～55mに達するが、北東に向かって薄くなり、尾張一宮付近では20mとなる。この地形的基礎が木曾三川合流の一因となる。東高西低の基底はさらに三川の河低差となり、木曾川の河床が最も高く、次いで長良川、揖斐川の順となり、その比高差は約2.5mとされている。そのため三川の合流点では木曾川の洪水は低い長良川に、さらに最低の揖斐川にと流失して逆流し破堤の要因となっていく。したがって、三川流域の治水は常に三川分離が宿命的な課題であった。

　傾動地塊による地殻変動は造盆地運動と連動する。具体的には三川流域の等高線10m以下の濃尾平野西南部（西濃平野）は、恒常的な沈降地域である。東部の尾張丘陵から各務台地にかけては隆起する。その変動量は過去3万5,000年間に1,000年に1.7mの割合で沈降し、現在も進行中である。このような恒常的な沈降以外に地震時にはさらに活発となる。

　明治24（1891）年の濃尾大震災前後の一等水準点の変動量をみると、中山道筋に設置された明治18年と明治28年を比較すると本巣郡の揖斐川左岸では306mmの沈降に対して、各務原台地では逆に767mm隆起してい

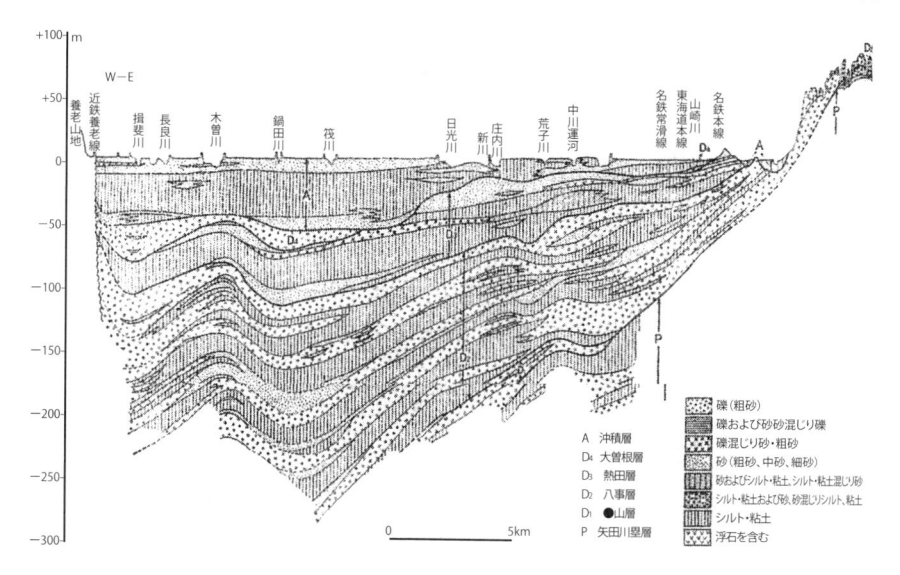

図2.8 濃尾平野の地質断面図
出典：建設省、1968

ることが判明した。

　造盆地運動地帯の近傍では活断層がみられ地震時には地殻変動は激化する。例えば宝永四（1707）年の地震時には揖斐川筋の本阿弥輪中では古文書に「一尺ユリ下リ…」とあり、約30cm沈降が記録されている。また昭和19（1944）年の東南海地震時には木曾川河口部の木曾岬輪中では、木曾川左岸の堤防が約150mにわたり約100mm沈降したことが報告されている。昭和19年の東南海地震の後、昭和20年1月には三河地震、翌21年12月の南海地震と続き、19年から21年の地震後、愛知県弥富市の一等水準点では71mmの沈降が報告されている。

　造盆地運動地帯は等高線10m以下の地域である。木曾川は先行谷を形成しつつ西流し、岐阜県笠松町で流路を変えて南流する。長良川も美濃高原を侵食しつつ西流し、岐阜市鏡島で南流しはじめる。この両川の河道変換点はともに等高線10mであり、扇状地より三角州地帯への移行点である。

　東部は隆起し、西部は沈降地帯となる東高西低の地形のため、濃尾平野西

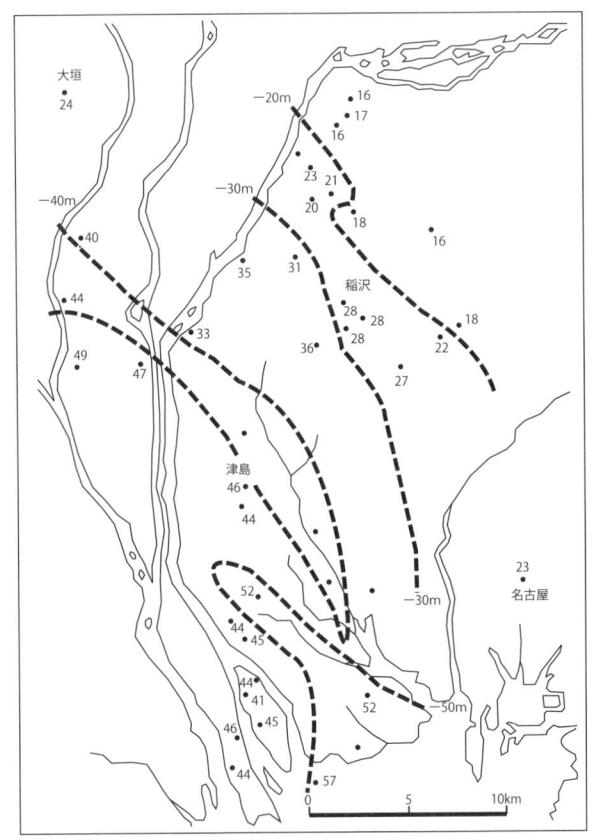

図 2.9　濃尾平野における第一礫層深度分布
出典：科学技術庁資源調査会、1960

　南部で三川合流するだけでなく、その間に小中河川が網流する。とくに木曾川河口部では白鷺川、加路戸川、鍋田川、筏川などの河川が網流して河床の高い木曾川の背水をうけるため、洪水常襲地域となる。その対応のため、小中の輪中が開発された。
　これらの干拓型輪中の発達は、木曾川の土砂供給量とも深いかかわりをもつ。井関弘太郎の調査によれば、下流部では明治 20（1887）年から昭和 27（1952）年の 65 年間に、185cm の河床上昇が報告されている。この三角州最前面の砂堆が干拓輪中の開田を促したといっても過言ではない。木曾

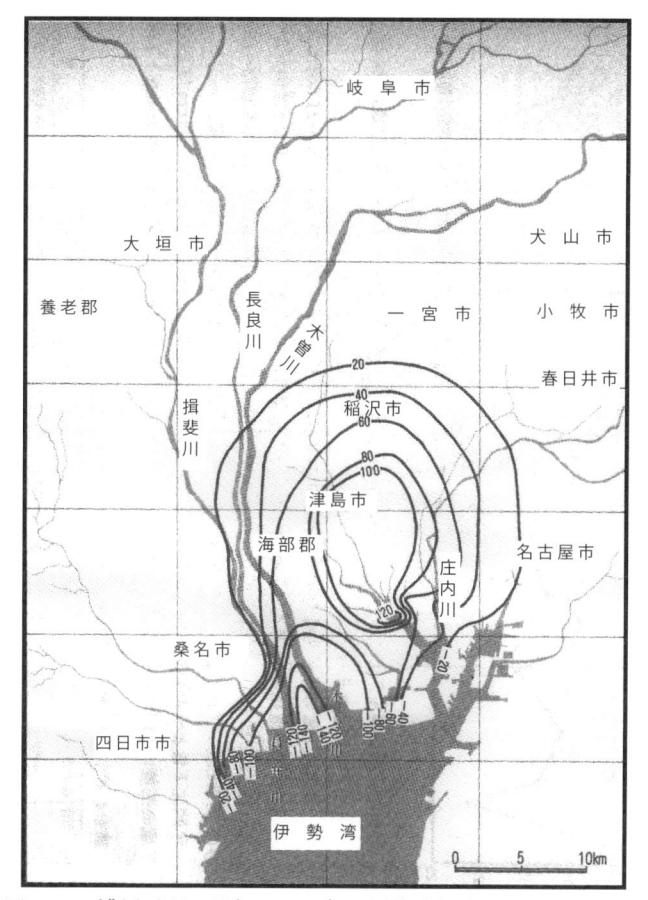

図2.10　濃尾平野の昭和36-57年の累積地盤沈下図（単位：cm）
出典：『濃尾平野の地盤沈下と地下水』1985

川の土砂供給はダム開発後も続き、建設省はこの天井川化に対し、防災上から昭和29年に大規模な浚渫工事を施工している。

(3) 海抜0m地帯と地盤沈下

木曾川三川下流部には面積1,300km^{2}の沖積平野がみられるが、その中でも河口部の約274km^{2}におよぶ広い三角州地帯は海抜0mの地盤沈下の進

行地であり、この地域はまた激甚被災地でもある。

　伊勢湾台風後の計測によると長島輪中（現桑名市長島町）の地盤高は、その南部地帯は－0.5mから－2m、木曽岬町は0m、鍋田輪中（現弥富市）では0.5mから－0.80mが示されている。

　これらの地帯は傾動地塊の結果、表土下に約50mの層高の軟弱なシルト層があり、その下層に第1礫層があり、その下にシルト層があり、シルト層と礫層がサンドイッチ状に互層を形成している（図2.8）。

　この互層は地下水層として工業化の進展とともに工業用水として求められ、汲み上げられた。その結果、木曾川下流部では昭和40年代には地下水位は10mから20m低下した。地下水の過剰揚水は地層（シルト層）の圧密収縮となり、地盤沈下となる。地下水位の低下による沈下はいかに水を注入しても地層は上昇することはない。そこに地盤沈下の重要な問題点がある。

　地盤沈下は地域によって格差があるが、とくに著しいのが木曾川下流部で、昭和36（1961）年から昭和63年までの累積沈下量は、木曽岬町から長島にかけて1mから1.2mにおよんでいる。その結果0m地帯の面積は伊勢湾台風時に約185km^{2}であったものが、昭和63年には約274km^{2}に拡大している（図2.10）。

　この地盤沈下の進行は高潮堤防にも表れた。昭和37（1962）年、伊勢湾台風復旧事業として完成した木曽三川高潮堤防も、地盤沈下の進行とともなって大きく沈下し、堤防の治水機能が著しく低下した。

　昭和44年には、昭和37年完成の高潮堤防が最大1.8m、平均1.0m沈下しており、その後も沈静化することなく進行した。そのためその安全度を回復するため、全高潮区間を対象に補強計画が策定された。

　一方、昭和46年「東海三県地盤調査会」が発足、その調査研究を開始し、さまざまな対策が実施されたため、沈下量は昭和63年頃には年間1〜2cmと減少し、平成13（2001）年には1cm以下の沈下量で静止している。しかし近年になり再び活発化する傾向にある。

　高潮区間の補強として、①高潮堤防の前面に前小段を造成して、消波効果を高め昭和37年程度の治水機能を回復する。②さらに堤防沈下が進み治水

機能が低下した場合、その対策としては、前小段を利用して高潮堤防を嵩上げする。

　高潮堤防の補強は、前述したように昭和44年から前小段を中心に実施した。しかしその後の沈下は予想以上に大きく、計画潮位よりも堤防の低い区間ができ、さらにその区間は拡大しつつあった。

　木曽三川の高潮区間は、当時は1年間に約10cmの地盤沈下があったことから、その後の10年間で、大部分の高潮堤防が計画潮位より低くなり、伊勢湾台風被災前の堤防と同じ程度か、それより低くなることが予想された。

　こうした状況下で昭和49年度までに竣工した前小段は52kmであった。このような進捗では長年月を要することから、昭和50年から次のような重点的改修工事とした。それは、①現堤防が計画潮位を下回る場所、②越波量の多い箇所、③地盤沈下の大きい場所。

　このような経過を経て高潮堤防緊急嵩上げ工事は、総工費66億円と14年の歳月を費やして昭和63年に竣工した。しかしこの工事は緊急対策であり、本格的な高潮の補強改修は今後も続いている。

参考文献

大矢雅彦『地形分類の手法と展開』古今書院　昭和58年
中部地方建設局『伊勢湾台風復旧工事誌（上）』昭和38年
伊藤重信『輪中と高潮』三重県郷土資料刊行会　昭和57年
地盤沈下調査会『濃尾平野の地盤沈下と地下水』昭和60年
科学技術庁調査会『伊勢湾台風による低湿地干拓地域の災害について』昭和35年

第3章　水害常襲地帯であった輪中群

「災害が起これば、まず人命救助が第一であるべきなのに、伊勢湾台風ではなぜあのように多数の死者が出たのであろうか。

警報の伝達が円滑でなかったこと、住民が危険地帯に住んでいることを自覚していなかったこと、これらの原因がからんであの悲惨な結果を招いたのである…」。あるいは「水防法は河川出水を対象としている。そのため水防管理団体の水防計画も、水防倉庫も、水防訓練も、高潮の襲来にたいしては、なんらの配慮もしていないといってよい…」（傍線筆者）。

この報告は国土総合開発調査会による『伊勢湾台風調査報告』によるものである。

この伊勢湾台風の被災地の大半をみると、かつての洪水常襲地帯として知られる輪中地域が破堤入水の被害をうけている。具体的には木曾川河口部の長島輪中とその周辺輪中（ただし筏川左岸域以東、および桑名市域を除く）岐阜県の揖斐川水系の牧田川破堤による養老町の多芸輪中である。前者は高潮による破堤、後者は河川災害である。

1　江戸期の水防体制

(1) 長島輪中

長島輪中についてみると表3.1のように天文三（1534）年より昭和28（1953）年の間に、64回の水害をうけている。この回数は6、7年に1回という比率となる。しかもその回数は河口部の新田開発による干拓型の輪中開発にともない増加傾向にあることがわかる。

この度重なる洪水に対して流域住民は高揚した水防意識と自助による水防対策を創出して対応した。また克明に水害を記録して後世の防災の教訓とし

表 3.1　長島輪中の洪水年表
出典：『長島町誌（上）』

年代	西紀		年代	西紀	
天文3・8	1534	大風雨洪水	文化2・	1805	入水
天文12・9	1543	洪水	文化12・6	1815	洪水
文禄4・8	1595	大風大雨	文化12・8	1815	洪水
慶長9・8	1604	暴風雨	文化3・	1820	深水
慶長13・	1608	洪水	天保6・9	1835	大風高潮
慶長14・7	1609	大風潮	天保8・8	1837	暴風雨
元和5・	1619	洪水	天保9・8	1838	洪水
寛永4・6	1627	大風潮	天保13・5	1842	洪水
寛永4・9	1627	大風潮	弘化4・	1847	洪水
寛永11・	1634	洪水	嘉永1・	1848	洪水
寛永12・秋	1635	洪水	嘉永2・	1849	深水
寛永20・	1643	洪水	嘉永3・	1850	洪水
慶安2・9	1649	洪水	安政1・4	1854	暴風雨洪水
慶安3・9	1650	洪水	安政1・6	1854	暴風雨洪水
承応2・6	1653	暴風雨	万延1・5	1860	大風高波
明暦1・8	1655	大風高波	万延1・7	1860	大風高波
延宝3・8	1675	洪水	元治1・秋	1864	洪水
天和1・7	1681	大風高波	明治1・	1868	深水
天和1・8	1681	洪水	明治3・9	1870	暴風雨洪水
天和1・9	1681	潮留堤波	明治14・4	1881	洪水
天和3・	1683	洪水	明治17・7	1884	洪水
宝永5・	1708	大風高波	明治22・	1889	洪水
正徳1・9	1711	大風高波	明治26・8	1893	入水
正徳4・8	1714	大風高波	明治29・7	1896	潮切入水
享保5・7	1720	洪水	明治29・8	1896	洪水
享保7・8	1722	大風高波	明治29・9	1896	洪水
延享4・	2747	大風高波	明治39・	1906	台風
宝暦7・6	1757	洪水	大正1・9	1912	台風
宝暦13・	1763	洪水	大正10・6	1922	台風
明和4・4	1767	洪水	昭和9・9	1934	台風
安永2・7	1773	洪水	昭和28・9	1953	台風・高潮
天明2・6	1782	洪水			
寛政4・4	1792	洪水			
寛政10・4	1798	洪水			

た。

　これらの史料の中に「長島は高波にて堤破れ暴潮田圃を害す」とか「長島輪中小島切、澪生ず」、「大風高波にて入水水没、亡所となる」、さらに大風高波、大風高潮などがみえている。

　江戸期には藩が中心となり水防定書により対応していた。例えば天保六（1835）年の「堤囲人足調書代官被差出御用所江差出候」によると「一、人足　八十六人　内六十三人村人足　五人千倉村人足　十八人平方村人足　西外面村堤」とあり、水防区域を村々に割当て家臣が水防人足を指揮して各持場を防御した。

　西外面村では86人の水防人足が堤防を持場としている。これら水防人足は長島輪中のみで844人を割り当てている。

　その他、村方の水防人足以外に「右之外村役人諸奉公人其外引人左之通」として「百七十九人、諸奉公人…百九人　庄屋肝煎吟味役、四人　医師座頭…」などを動員して、両者で1,672人を水防要因としている。

　とくに長島藩主は常時、水防に留意し、夏秋の出水期には藩士に水防夫を率いさせて区域を警戒した。また水害時には「藩主より米千五百石　金二千両賜る」「藩主より白銀二千枚下賜」などが史料にみえており、再々にわたり御救金が下賜されていることがわかる。この救民策も江戸中期以降にはみられなくなった。これは水害の激化と藩財政の窮乏によるものであろう。

　このように藩と村人が一体となる、官民の水防体制をもっていた。また村方は出水または高潮の危険のあるときは、各村に水番を出役させて警戒にあたった。堤防の各所には水防小屋を設け、筵、空俵、縄、杭、掛矢、杭打などを常備した。この水防小屋は長島輪中では8棟設置された。これら以外にも水防活動のための土取場を設けている。これは享保七（1722）年の高潮災害時の教訓によるものである。

(2) 多芸（たぎ）輪中

　伊勢湾台風といえば、大半の人々は、長島輪中を中心とする木曽三川の河口部から名古屋臨海地域の被災地のみを指す。伊勢湾台風なる名称もそこか

らきている。しかし、別項で述べているように、岐阜県の揖斐川水系の牧田川右岸にて、養老町根古地が破堤して、1,771戸、9,781人が被害をうけている。

　この地域は多芸輪中と称される輪中であり、江戸期より、水防意識のきわめて高い地帯であった。この水防を支えてきたのが水防定書であった。例えば「一、出水ノ節ハ五合目以上　輪中ノ村々見回リ　苦難ノ所出来ル節ハ該村太鼓鳴リ次第　輪中人員ヲ以テ相防ギ申事　但シ防ギ難キ候節ハ該村鐘鳴ラシ次第　引払ノ事」と定めている。

　明治期になると水防組を再編成して、多芸輪中堤防組合が創立されて8の小輪中は連合して多芸輪中を称される複合輪中が明治16（1883）年成立する。その期の新しい水防規約の主なるものを列記すると、

　「…第八条　堤防修繕ノ節　土取場所ハ自村他村ノ別ナク掛リ　宅地ノ外ハ如何ナル地所タリトモ之ヲ拒ムヲ得ズ……第二十五条　水防ニ関スル事務ハ同心協力シ此ノ連合規約ヲ遵守シ利害ヲ共ニスルモノトス」。

　さらに輪中堤防御の分担を次のように明文化している。
「第二十七条　水防ニ関スル百般ノ方法ハ便利ノ為メ輪中ヲ七組ニ区別スル左ノ如シ」として「……三号組、揖斐川通リ根古地村ヨリ大巻村ニ至ル……堤長貳千百十五間　戸数四百四十戸」と輪中の水防分担区域を取り定めている。

　また水防体制のあり方について具体的に次のように定めている。
「第三十九条　出水七合目ヨリ水番ヲ附置キ　八合目ニ及ブトキハ壱番手ヲ操出シ　難場ノ生ジタルトキハ急回章ヲ以テ通知ス　戸長ハ直チニ貳番手ヲ繰出スベシ　壱番手　貳番手　人夫ニテ防御及ビ難キト認ムル時ハ輪中一般ヘ太鼓ヲ以テ通知ス　然ル場合ニ於テハ戸長ハ丁年以上満五十歳以下ノ男子ヲ悉皆繰出スベシ」「第四十条　出水ノ節　水防夫　壱番手ヲ繰出シタレバ各社寺ノ鐘鼓ヲ停止シ　若シ堤塘破裂スルトキハ近傍ノ寺院ハ漸次早鐘ヲ連撞シテ急報スベシ」としている。

　水防倉庫は多芸輪中では27箇所を数え、その分布地点は、かつての破堤地に設置する場合が多い。収納資材はその場所により異なるが、平均して杭

木（長さ6尺以上）100本、9尺以上の杭木50本、空俵400、縄20貫、松明300などが常備されていた。

　このように被災地域の大半をしめる輪中地域では、江戸期より昭和の高度経済成長期までは、前述のような高い水防意識（防災意識）のもとに、整備された水防体制をもって備えてきた。この水防共同体としての輪中も、治水事業の進行とともに近代化という名のもとに、都市化が進み大きく変容していった。

　河口部の長島輪中などは、内水による水損不作を防除するため、高畦による耕作による湿田地帯であった。明治30年代には排水機が設置されて以降に水利組合が設立されて、用排水の近代化の第一歩となった。

　戦後の昭和29（1954）年には、建設省により、木曽、長良両川の浚渫事業の残土により農地の嵩上げ、池沼の埋立工事が施工された。この事業により水田の乾田化とともに機械化が約束されて、水利組合は土地改良区となり耕地整理事業が開始される。この区画整理により、葭ヶ須、都羅、横満蔵、老松、松蔭などの小輪中は合併して複合輪中の長島輪中となる。

　この土地改良によりある地域においては農業的土地利用から、都市的土地利用への転換を容易に促進させる要因となった。この景観変容は結果的には地域住民に、低湿地の概念を喪失させ、水防意識の低下となっていく。

2　岐阜県多芸（たぎ）輪中の被災状況

　伊勢湾台風の名称が示すように、台風15号の被災地域は伊勢湾臨海部の高潮災害のみを記述する調査報告書が大半である。

　しかし内陸部の木曽三川水系の中流部において大きな被害をもたらしていることを忘れてはならない。その代表的地域が岐阜県養老郡養老町根古地において牧田川右岸が3月27日1時42分破堤して、約2,913haが浸水した。

　牧田川は養老山地の三国岳に源を発するが、上流部は多良層群と呼ばれる第三紀層の頁岩（けつがん）、砂岩よりなる崩壊性の強い岩石よりなり、中流部では扇状地を形成する土砂供給量の多い河川であり、史料に「…牧田川ハ山近ク大河

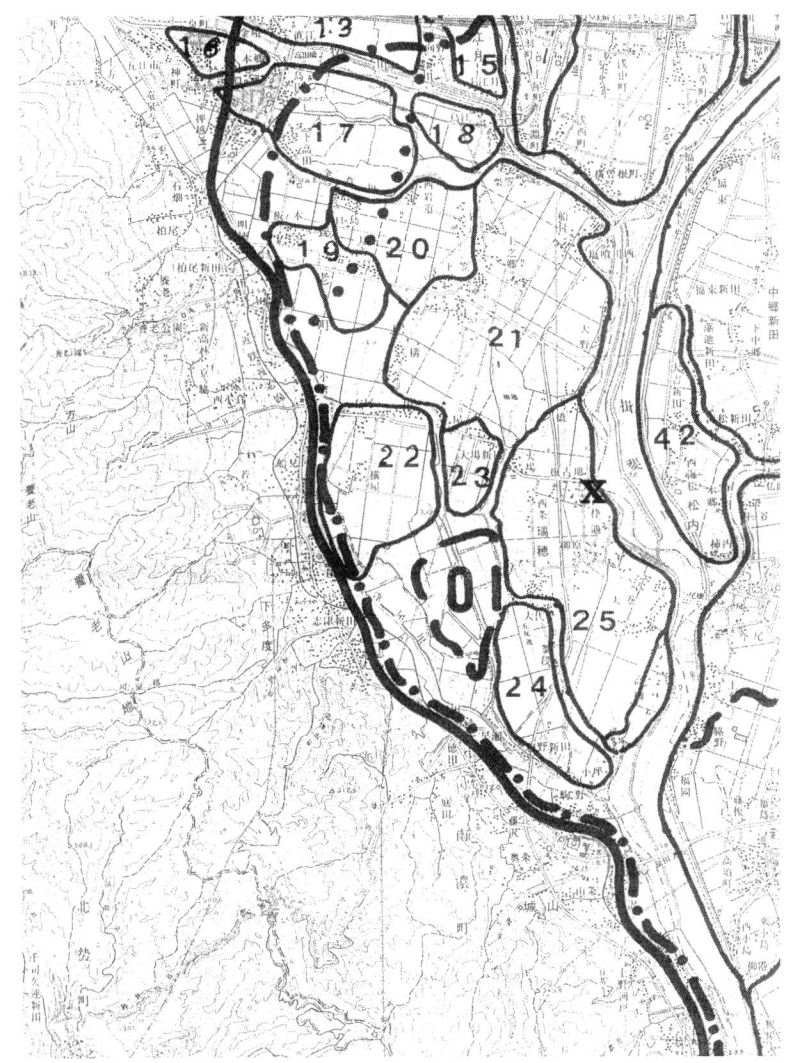

図 3.1　多芸輪中分布図（1：50000 を 50％縮小）（伊藤安男原図）
Ｘは破堤地点、昭和 34 年（1959）9 月 27 日

故土砂馳出シ年々川底高ク罷成…」とある天井川である。
　中流部まで西流して途中で杭瀬川と合流して、船附近傍で流路を南に変えて、ほぼ揖斐川に併行して流れ、途中で江下げされた水門川をあわせて、海

伊勢湾台風被害概要図
昭和34年9月26日

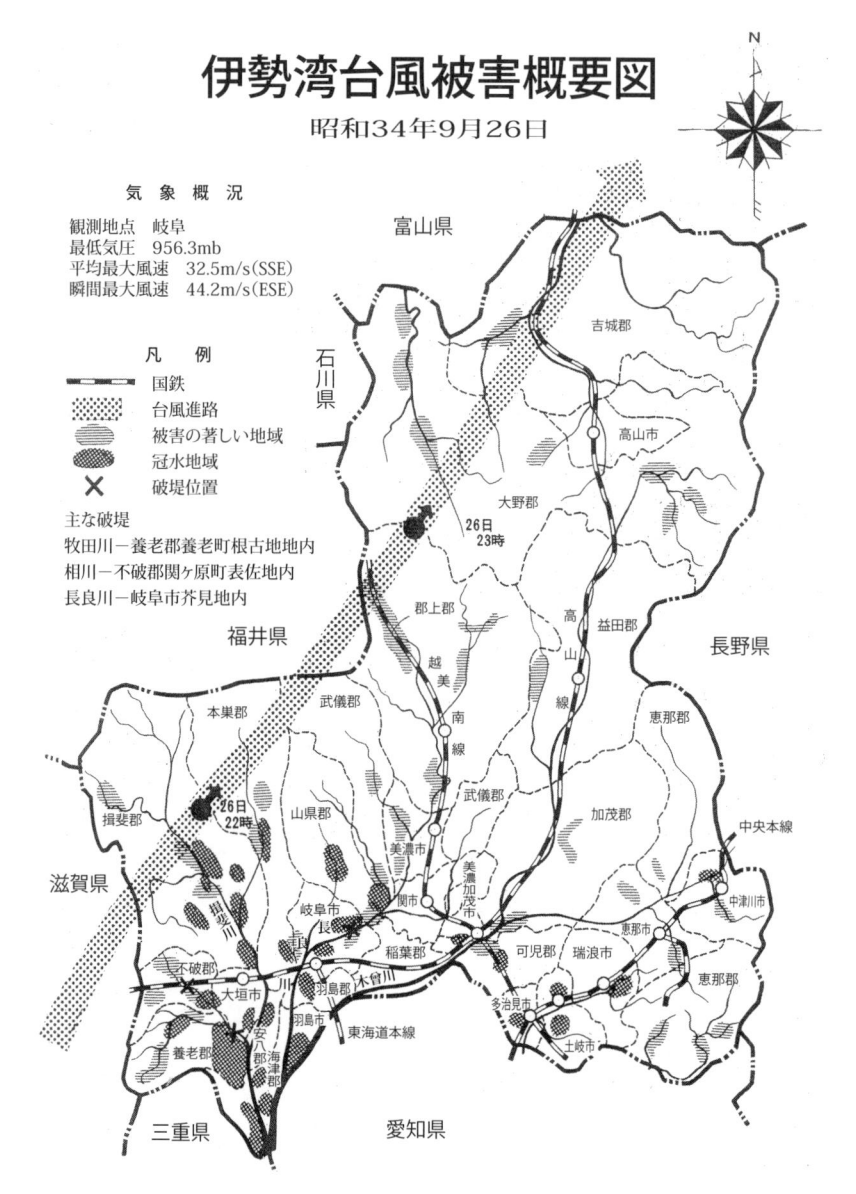

気象概況
観測地点　岐阜
最低気圧　956.3mb
平均最大風速　32.5m/s(SSE)
瞬間最大風速　44.2m/s(ESE)

凡例
━━━　国鉄
┄┄┄　台風進路
▬▬▬　被害の著しい地域
●　冠水地域
×　破堤位置

主な破堤
牧田川－養老郡養老町根古地地内
相川－不破郡関ヶ原町表佐地内
長良川－岐阜市芥見地内

図 3.2　岐阜県下における被害概要図
出典：『岐阜県を襲った伊勢湾台風』岐阜県、昭和35年

表3.2　揖斐川水系の最高水位表
出典：『連年災害復興誌』岐阜県、昭和40年

水系名	河川名	観測所名	指定水位	警戒水位	計画高水位	最高水位		既往最高水位		
						日時	水位	年	月日	水位
揖斐川	揖斐川	岡島	1.6	2.5	5.21	27,1,25	4.75	大14	8.17	4.68
〃	〃	平	2	3.7	6.22	27,2	7.32	昭34	8.12	6.98
〃	〃	福束	2.5	4.4	6.85	〃	7.52	〃34	8.13	6.74
〃	〃	今尾	4.3	6	8.62	〃	8.58	〃	8.45	
〃	根尾川	板所	1	2		27,0	5.5	大14	8.17	5.5
〃	藪川	山口	1.5	2.2	3.5	27,2	4.3	昭34	8.12	3.55
〃	牧田川	一ノ瀬	0.5			26,22	5	〃34	8.12	5
〃	〃	烏江	5	6.5	9.05	26,23	9.35	〃28	9.25	9.62
〃	〃	池辺	3.5	5.5	8.12	27,1,30	8.34	〃34	8.13	8.15
〃	杭瀬川	祖父江	3			27,1	5.57	〃25	7.29	6.74
〃	〃	横曽根	3.5		8.44	27,2,30	8.38	〃34	8.13	8.1

昭和34年9月、単位：メートル

津市平田町今尾北部にて、揖斐川に合流する。破堤地の根古地は牧田川の曲流部にあり、揖斐川の背水（Back Water）をうけやすい地点である。いうならば史料にみる上流部よりの順水と、揖斐川の逆水により、破堤の多い地点であった。

そのため牧田川中流部の右岸域一体は、古来の洪水常襲地帯で輪中―多芸

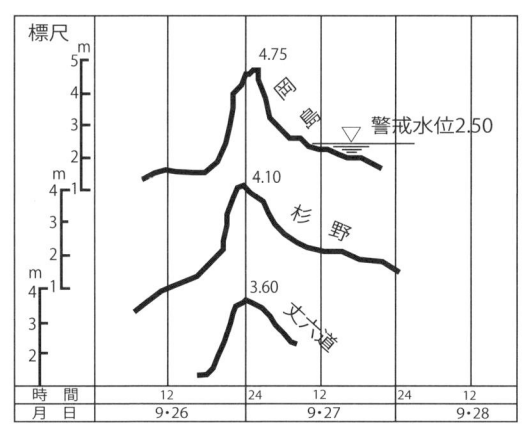

図3.3　揖斐川水位時間雨量曲線図
出典：『連年災害復興誌』岐阜県、昭和40年

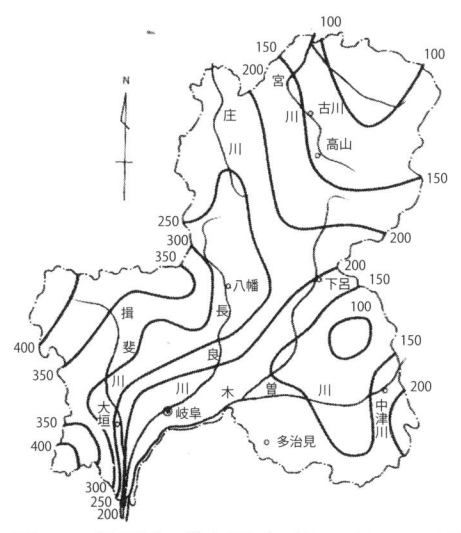

図 3.4　総雨量の分布図（9 月 25 日〜26 日）
出典：『連年災害復興誌』岐阜県、昭和 40 年

輪中―を形成してきた。この多芸輪中の西部は養老断層山地の扇状地末端の湧水を集水した津屋川が南流して、山崎谷近くで揖斐川に合流している。いうならば西南部は養老扇端部の自噴帯と津屋川、北部と東部は牧田川と揖斐川の峡間に形成された土地条件の悪い複合輪中である。

　複合した多芸輪中は高位部の北部より、岩道（20）下笠（21）飯ノ木（19）有尾（22）大場新田（23）根古地（25）釜段（24）の各輪中を総称して多芸輪中という複合輪中である（図 3.1 の番号は輪中名）。

　それらのうち低位部の大場新田、根古地、釜段は新田型輪中であり、その大半は標高 0 m であり、地形的には低位三角州と後背湿地であり、自然堤防はみられない。したがって多芸輪中全域の約 2,900ha は標高 0 m から 2 m であり、伊勢湾台風では、この全域は浸水した。

　伊勢湾台風は 9 月 26 日の 18 時に潮岬に上陸し、奈良県中部（19 時）から鈴鹿峠付近（21 時）を通り毎時 60km ないし 75km の速度で岐阜県を縦した。この台風は上陸時の気圧が 929.2hPa とわが国の台風史上では 3 番目に低く、さらに暴風域の平均風速は 32.5 m、風速 30 m 以上の暴風圏は半

写真 3.1　養老町根古地破堤地の復旧状況
上：7号台風に引き続き再度破堤した岐阜県養老町根古地地先の牧田川右岸堤防（昭和34年9月26日）下：同上、完成した護岸堤防（昭和35年3月31日）
出典：『伊勢湾台風災害誌』

径300kmないし400kmにわたり、岐阜市では最大瞬間風速44.2 mを記録した。

　この大型台風が図3.2でみられるように、東海地方が台風進路の右半圏にさらされたため最悪の状態となった。岐阜県では25日午後から26日にかけて、台風の前線活動により時間雨量40mmから70mmの豪雨となり、県下の各河川は短期間に警戒水位を突破して、計画高水位を超えた（表3.2参照）。

　揖斐川流域では台風が水源地帯を直接通過したため、各河川は異常な出水をみた。上流西横山では1時間4 m水位が急上昇し、26日23時には16 mの水位を記録した。これは警戒水位を10 mも上回る異常な高水位であった。揖斐川町の岡島でも19時ごろから急増水をはじめ、27日1時25分に4.75 m（警戒水位2.5 m）の水位となった。

　破堤した牧田川の鳥江（破堤地の根古地の約4km上流部右岸）では、26日23時には、表3.2にみられるように警戒水位6.50 m、計画水位9.05 mを超えて9.35 mに達した。

写真 3.2　濁水に沈む多芸輪中（岐阜県養老町）―河合孝撮影―

　この異常な水位の増加により、9月27日の深夜1時42分の牧田川右岸の根古地（岐阜県養老町）が破堤した。根古地は8月13日20時20分に7号台風時に約120mにわたり破堤し、9月5日に仮締切がなされた地点である（写真3.1）。
　洪水の悲惨さを当時の10月5日付の朝日新聞は、"濁水に沈む養老町"として次のように記している（写真3.2）。
　　自然のいたずらにしては、あまりにひどい仕打ちだった。岐阜県養老郡養老町の牧田川ぞいの輪中一帯は、8月中旬の集中豪雨で決壊し、やっと仮堤防を築いたと思ったら、伊勢湾台風に打ちのめされてうずまったまま、水は一歩も引こうとしない。記者たちは4日夕方、養老町大巻へヘリコプターで訪れ、何百年来の宿命の水とたたかう人たちの姿を見た。
　　揖斐川を越えると岐阜県養老郡。牧田川からあふれ出た濁水の中に家も田も沈んでいた。記者たちは、8月の集中豪雨以来、足かけ3カ月

間水びたしという養老町根古地地区をさがしたが、濁水でヘリコプターの着陸できる広場もない。やむなく同町大巻地区へ向かう。降り立った堤防には、流れ残ったトタンや雨戸、板切れを使って掘立小屋がズラリと並んでいた。濁水に追われた人たちのわびしい仮ずまいだ。

岐阜県下における伊勢湾台風の被害は図3.2の「岐阜県下における被害概要図」にみられるように各地で破堤、溢水してその湛水面積は県下全域で1万3千haに達した。

なかでも悲惨であったのは養老町の多芸輪中であった。第7号台風により8月13日に根古地が破堤し、9月27日の伊勢湾台風により同一箇所が再び破堤したため、その湛水期間はのべ3か月におよんだ。

伊勢湾台風時の岐阜地方気象台発令の情報を参考までに記すと以下の通りである（表3.3）。

養老町の多芸輪中、牧田川の破堤が深夜の1時42分にもかかわらず、罹災者総数9,805名のうち、死者1名、負傷者23名の人名被害の少ないのは特筆すべきである。

これにはさまざまな要因が考えられる。第1は臨海部の高潮による破堤、溢水による被害に比較して、河川の破堤入水という水害の差異。第2には、8月13日の台風7号により同一場所で破堤入水の被害をうけていたため、輪中民の間に水害危険意識、いうならば水防意識（防災意識）が高い共同体であったこと。第3には従来より水防意識の高い地域であった。例えば筆

表3.3　岐阜地方気象台の情報発令状況

種別	発表日時分	解除日時分
大雨注意報	25日16:30	風雨注意報に切換
洪水注意報	26日02:00	洪水警報に切換
風雨注意報	26日10:00	暴風雨警報に切換
暴風雨警報	26日14:00	強雨注意報に切換
台風情報第1号	26日17:00	
洪水警報	26日18:30	
台風情報第2号	26日19:30	
台風情報第3号	26日21:00	

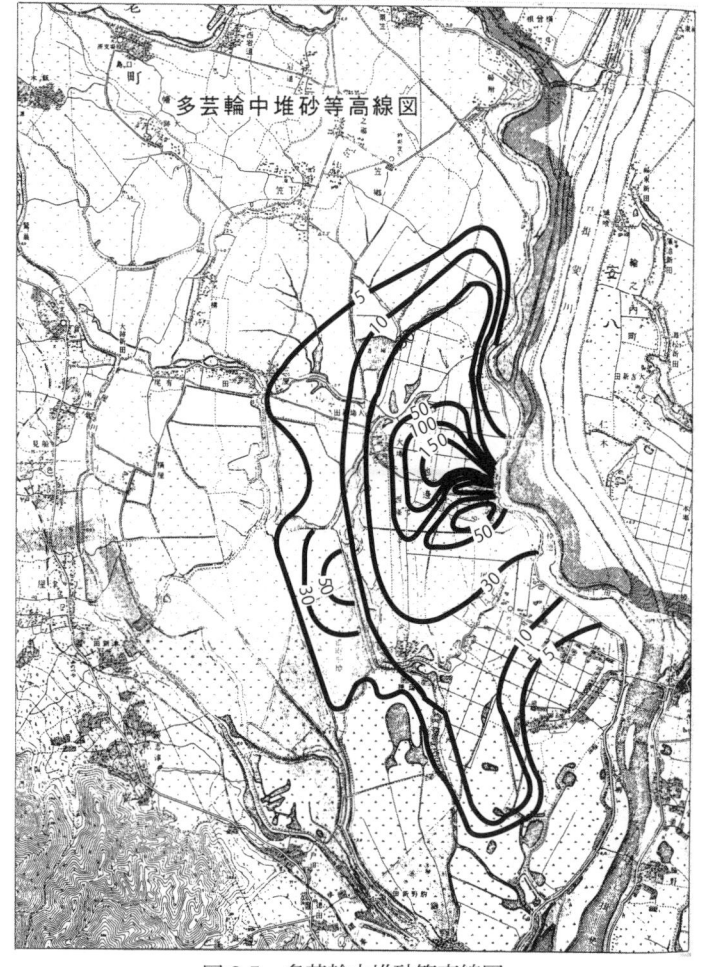

図 3.5　多芸輪中堆砂等高線図
出典：『連年災害復興誌、昭和 34・35・36 年』岐阜県、昭和 40 年

者たちの輪中研究グループが実施したアンケート調査、「あなたは今後も水害の危険性はあると思いますか」でも、"あると思う"の回答の最も多い地域でもある。第 4 は、表 3.3 の岐阜地方気象台の情報発令状況をみてもわかるように、台風 7 号の水害直後のため、情報伝達が従来よりも詳細であったことも一因となっている。

第3章 水害常襲地帯であった輪中群

　台風被害の調査報告書は一般的には、湛水面積、同水位、および構造物や人的被害などが記録されているが、岐阜県の刊行による調査報告書の多芸輪中の項では、破堤入水にともなう堆砂の調査がなされているのが特筆される。

　江戸期の輪中地域の水行政を管掌した美濃郡代の堤方役所の史料に、砂入何町歩と記された文書が多い。これは破堤により、洗掘されてそこ池成—押堀—となり大量の土砂が堤内に流入する。これを水入に対して砂入と称した。これらは地引絵図、村絵図などに砂山とか砂場、砂田などとしており、そこは永荒場とされている。江戸期の水害は水入よりも砂入の被害の方が甚大であった。

　岐阜県の報告書には「…仮締切も完了し、たん水排除のポンプが可動し、地区内水位が減少し始ると根古地を中心として…広大な範囲にわたる膨大な堆積土砂は驚くばかりであった。堆積砂深の最大は 1.5 m に達し、土砂は主に円礫を含む砂礫土で、上層に薄く粘土層が堆積していた。堆積深 50cm 以下の所はすべて細い粘土ばかりで、いわゆるどろどろの状態で歩行にも非常に困難であった。またこれが乾燥するとひび割れて固結して処置のない粘土であった。」

　堆砂の状態は図 3.5 の示すとおりであるが、その面積は 8 月の 7 号台風時の約 4 倍以上で、約 390ha におよび、その土量は約 78 万 3,000m^3 に達すると推定される。具体的には破堤地より放射状に洪水波の方向に約 500 m の範囲に 1 m の砂堆をみ、0.05 m の範囲は破堤地より放射状に 4,000 m におよんでいる。

　ただし養老町による調査によると、埋没水田 42ha、畑 2ha と報告されて大きな差異がみられる。しかし県の調査報告の図 3.5 の「多芸輪中堆砂等高線図」によると養老町のデータは調査要項の相異に起因するものであろう。

　水害のメカニズムは当然のことながら時代によって大きく異なるが、江戸期の農民にとって、この砂入は水入以上に大きな被害であった。当時の史料に「洪水之節、堤切入、小石砂利大分走込　不及人力場所ニ而　たとひ人夫掛起返而モ大分之物入仕…」(美濃地方品目解)とか「…堤切入申候ニ付　村々御田砂之儀ニ御座候得ハ　中々百姓自力ニ難起返シ仕合ニ御座候故　右御

扶持方米御拝借被成下候ハ　起返申度奉存候…」とし、1日7合五勺の扶持米で10ヶ年の間に砂除工事を完了する計画で、砂除扶持米を拝借し、かつ10ヶ年の年貢御免を願っている。

　砂入による堆砂の除去は10月10日の牧田川の仮締切工事完了とともに、ただちに排水を開始し、10月15日に完了すると同時に、流入土砂の除去をはじめた。この復旧事業は池沼埋立の干拓事業および区画整理事業を土砂除去とあわせて施工した。昭和35年の植付時期までに応急復旧をし、36年度には完工した。

　災害復旧事業の特色は、輪中農業の近代化をめざす振興策でもあった。具体的には区画整理による圃場整備は農業機械化を促進させる素因となった。

　それは従来の水田耕作を主体とする輪中型農業から、多面化、省力化、集約化を目途するもので、当時の農家1戸あたりの粗収入平均36万円を100万円に増収させるものであった。いうならば俗な表現すれば"禍い転じて福となる"である。

　これら一連の復興計画のなかでマスコミの注目を集めたのが、防災農村アパートの建築であった。伊勢湾台風により戸数1,800戸のうち、全壊33戸、流失8戸、半壊1,445戸の被害をうけている。

　この輪中地域では、洪水への対応として、地主階級では高く石積された、米倉や避難場を兼ねた独立した水屋建築がみられた。この水害時にもこれらの水屋は被害をうけることがなかった。輪中特有の水屋は一種の防災建築であった。

　復興計画のなかで建築されたのが、水屋的機能をかねた3階建の農村アパートである。この住宅は現代的水屋建築とも称すべきものである。この建物は5戸連棟の鉄筋コンクリートの3階建で、根古地、大野、有尾（養老町）に3棟建築された。その構造は1階は共同作業上、2、3階を住宅とする水害に備えての防災建築である（図3.6、写真3.3参照）。1階の作業場は$33.3m^2$、2階の住居は$33.3m^2$、3階は$16.5m^2$となっており、従来の農家建築の構造とまったく農村アパートである点で、営農の近代化を目指す復興計画の一環であった。

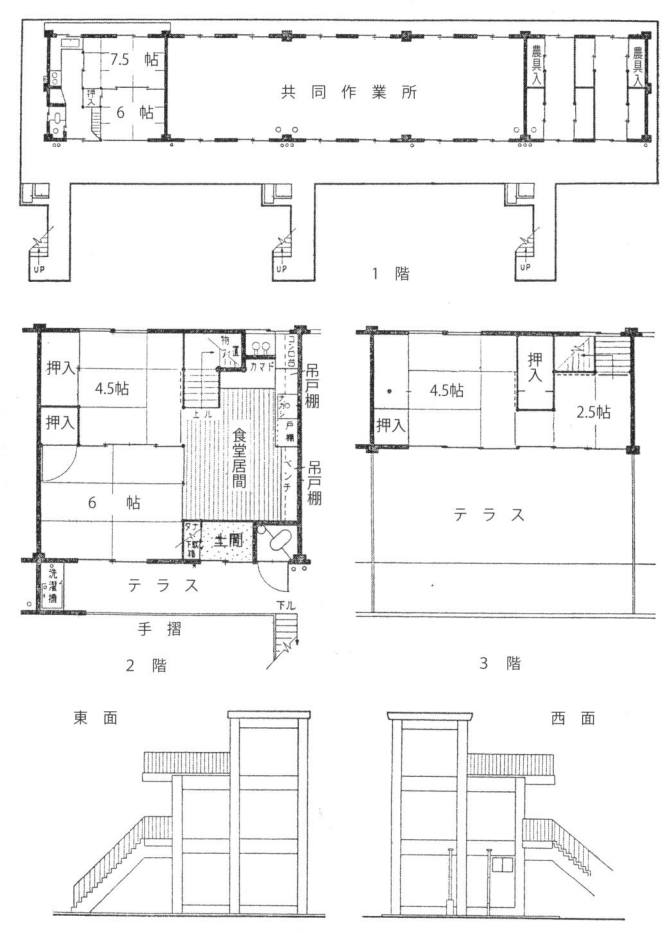

第3章 水害常襲地帯であった輪中群

図3.6 災害公営モデル農家平面図（養老町資料）

写真3.3 防災を兼ねた農家モデル公営アパート
―岐阜県養老町多芸輪中―（昭和37年、伊藤安男撮影）

これと同じ機能をもつ住宅は、最も甚大な被害をうけた鍋田干拓地の入植者住宅の再建にも3階建築が施工されたが、ここの場合は多芸輪中の連棟アパートと異なり、1戸建住宅である。詳しくは別項を参照されたい。

　岐阜県養老町（多芸輪中）の根古地が、昭和34年8月13日の第7号台風により、さらに9月27日の伊勢湾台風で同一箇所が2度にわたり破堤した。

　これについては、8月13日の破堤箇所の復旧工事の仮締切が9月5日になされた直後でもあったことも一因であるが、その要因以外に多芸輪中を囲繞する牧田川が約4,000mにわたり、揖斐川の堤防より約1m低い上に、牧田川の常水位は揖斐川より約0.5m低いことも一因となった。

　そのため揖斐川の水圧が牧田川との合流点の背割堤を破堤して、揖斐川の洪水波が牧田川に急激に流入した上に、高潮により水嵩が上昇したため、復旧まもない8月の破堤箇所が再び破堤して、輪中全域が1.5mから2.0mの浸水をみた。いうならば悪条件が相乗して1か月に2回の水害をうけることとなったのである。

　このように40日間に2回にわたり同一箇所で破堤しており、しかも8月13日は夜の20時20分、9月27日は深夜の1時42分と、夜間にもかかわらず、ともに人的被害がきわめて少ないのは、注目すべきであろう。

　これは先に述べたようにこの地域—多芸輪中—が輪中地域のなかでもとくに水防意識（防災意識）が高く、水防体制が整備されていたことに起因している。

3　旧輪中堤と洪水防御

　「太平洋戦争後の昭和20年代後半から、車社会に対応する道路拡張の名目のもとに、鎌ヶ池などの旧輪中堤を取り払い、葭ヶ須の旧輪中堤を低く取り下げたところがあるが、これは一大失敗である。

　何となれば一度木曽、長良川の堤防が決壊して洪水が侵入した場合、この旧小輪中堤障壁によって輪中内部の細分化により、洪水を防ぎ、被害地域を

写真 3.4　長島町（長島輪中）全景（2007 年）
右、木曾川、左、長良川、南端がグランスパナガシマ。ナガシマスパーランド。南より東西走する伊勢湾岸自動車道、名四国道（R32）、線状の集落は旧輪中堤上の堤塘集落。（長島町提供）

最小限にくい止めることが可能であるからである。この事実を伊勢湾台風高潮の災害で、長島輪中の住民は痛いほど思い知らされたのである。旧輪中堤で入水時に小輪中を護ることは輪中地域の不文律の慣行である。

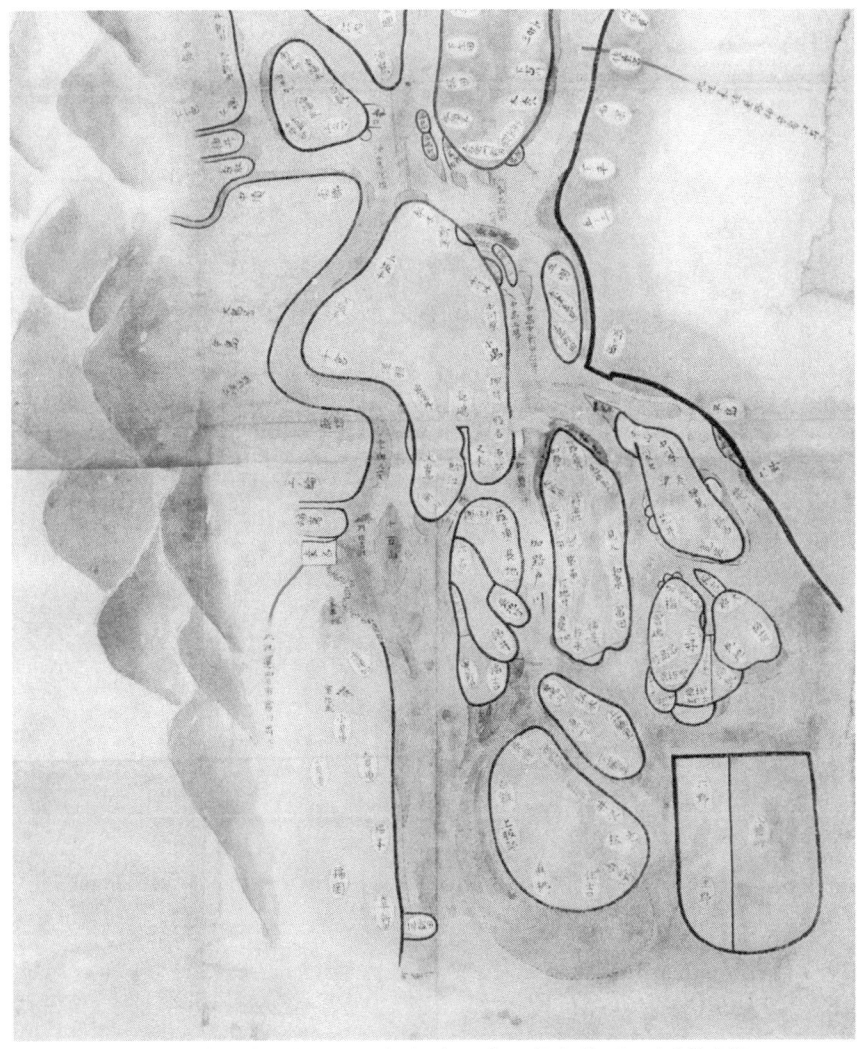

図 3.7　長島八島と称された木曾川河口部の輪中群―江戸時代末期―
(岐阜県図書館蔵)

輪中の住民は、日常の生活に多少の不便はあろうが、輪中の特色を考えて、この先人の遺産を大切に護っていかなければならない。」

この言は長島町在住の高校地理教師、伊藤重信が『長島町誌』で述べていることである。伊藤重信は「旧小輪中堤を取り壊したことが被害を大きく

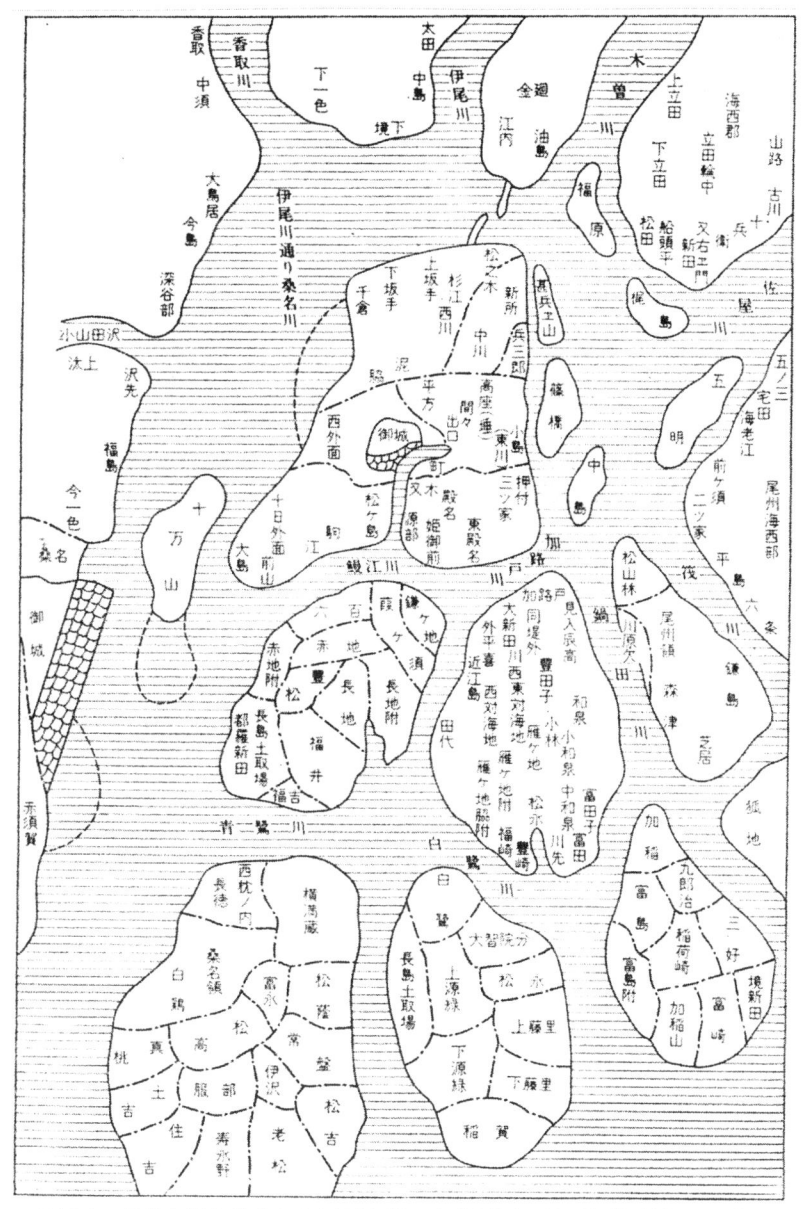

図 3.8　長島八島と称された江戸末期の木曾川河口部（伊藤重信による）

図 3.9　木曾川河口部の輪中集落（黒線）と新田集落（赤線）
平成 12 年修正測図、伊藤安男原図
破線は取り壊されたもの及び削り下げられたもの。新田集落は 1800 年以降のもの。

した」と再々述べている。これには蘭人工師ヨハネス・デレーケ（Johannis De Reijke）による明治の木曾川下流改修工事と深いかかわりがある。

　明治改修前は、図3.7、図3.8にみられたように、各村々（各輪中）は囲堤―輪中堤―によって洪水を防御しており、その間も小河川を網流して遊水地的機能を果たしていた。

　このような河川景観は改修工事により、小河川は廃川化されて次第に取壊された、連続堤によって改修された。しかしこの工事により地域住民の水意識は次第に変化していった。従来の高揚された水防意識は低下しつつあった。これが災害を大きくした要因といえる。

(1) 第1線堤防と控堤

　「干拓によって形成された地域の第1線堤防には、海に直面する堤防と側面を護る河川堤と2種類ある…」とある。これは海岸の防潮堤と河川の連続堤である。

　第1線堤防があれば、当然のこととして第2線があるのは低湿地集落であり、干拓新田集落や輪中集落にみられる。干拓新田では干拓前線が水平的に拡大して前面の浅瀬、干潟などを干拓して開田すると、かつての第1線堤防であった潮除堤は、当初の機能を失い内陸部に残地される。これを第2線堤防ということになる。その場合に新規に造成された新田集落の立地は、旧堤となった第2線堤上、もしくは旧堤の堤腹に立地する。これを堤塘集落と呼称しており、わが国の新田集落に一般的にみられるタイプであり、特異な立地形態ではない。

　このような集落立地は、低湿地の土地条件のため常に水害に対応するための立地環境が不可欠であった。それは微高地立地であった。とくに近世以降に形成された干拓地においては、微高地である自然堤防の発達はみられないため、人工の微高地である堤防もしくは盛土以外はみられない。

　この旧堤に立地した堤塘集落は大水害には機能しないが、小水害には浸水することなく、その上、線状の旧堤が洪水波を防御することができる。したがって第1線堤防と称される河川に対する連続堤や、海岸の潮除堤が破堤

しても、第2線堤の旧堤は水防上きわめて有効である。いうならば2段構えの対策が可能である。筆者は第2線堤防と称するよりも、控堤と称すべきであると提唱したい。写真3.4および図3.9にみられる長島、木曽岬などにみられる堤内の線状集落は旧輪中堤に立地した堤塘集落である。

(2) 旧輪中堤と控堤としての役割

　伊勢湾台風の被災地域の堤防は2つに分類できる。1つは長島輪中群の洪水への対応と目的として自普請で形成された囲堤をもつ干拓型の輪中である。輪中とは洪水から集落や耕地を防御するため、その周囲を堤防をめぐらしたものでこの囲堤のことを輪中と称し、堤内の人々は水防組合を中心に強く結ばれた水防共同体である。

　今1つは江戸時代以降に浅海、干潟を干拓して開田した新田であり、南は潮除堤（海岸堤防）、側方は河川堤防で囲まれた集落であり、オランダのポルダー（Polder）とよく比較される。その成立過程はさまざまであるが地主たちが投資的に普請する例が多い。またこれらの集落は水防組織をもたないものが多く、両者は社会構造を異にしている。

　被災地域のうち筏川を境として、西部は輪中集落、東部は新田集落であり、ともに地盤高の低い海抜0m地帯である。

　江戸期を中心とした輪中形成期には、木曽三川とその支流川は現在のような連続堤をもつことなく、囲堤によって水害を防御する一方、独自の水防体制をもって対処してきた。このような治水と水防も明治期になると、改修工事により輪中堤方式から連続堤へと移行した。

　明治期の木曽三川改修工事は大規模なものであり、たんに三川を分離するだけでなく、網流河川を廃川化するとともに新川を開削した。また河積を増大させるため河幅を広げた。例えば長島輪中、木曽岬輪中が国道1号線以南で急に輪中の形態が細長くなり、河道が直線状になるのは改修工事によるものである。

　改修工事により連続堤が完工されると、輪中堤の治水機能は変革して、連続堤は第1線堤防、第2線堤防が控堤としてきわめて有効であることを実

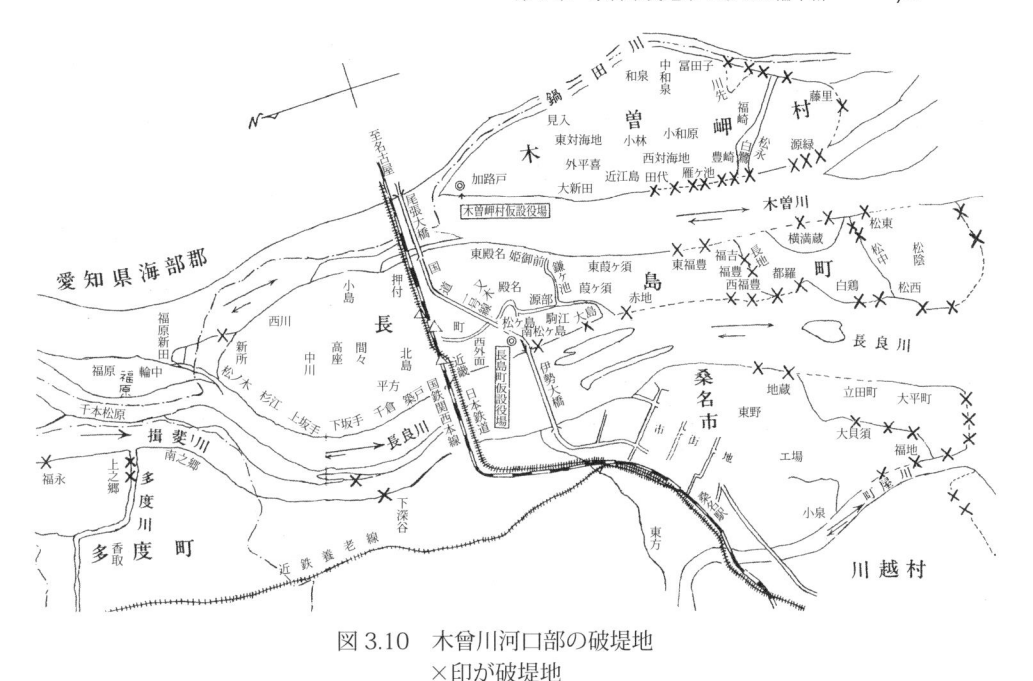

図 3.10　木曾川河口部の破堤地
×印が破堤地
出典：伊藤重信編著『輪中と高潮―伊勢湾台風の記録―』

証したのが、1976（昭和51）年9月12日の長良川破堤による水害であった。破堤地は岐阜県安八町の長良川右岸であった。しかし高位部で破堤したにもかかわらず、南の低位部の輪之内町（福束輪中）はまったく浸水をみることなく、洪水波は福束輪中堤で滞水後に北上し、安八町、墨俣町に浸水した。破堤地の安八町はかつては森部、中村、中須、大明神などの輪中があったが、取り壊されたり、削り下げたため大きな被害をうけることとなった。この状況を当時のマスコミは"輪中は生きていた"とか"明暗2つを分けた輪中堤"などと大きく報じた。

第2線堤である控堤の水害時の防災機能について、河川増水による破堤入水の外水災害と、伊勢湾台風の高潮災害では、当然、異にする。先に述べたように控堤の堤塘集落は、小水害には浸水を防止できるが、大水害には対処できない。その例は木曾川河口の輪中群の長島輪中、木曽岬輪中にみるこ

とができる。

　例えば列村状の堤塘集落の平面形態が東西方向、具体的には高潮の洪水波の進行方向と直行する場合と、斜行する例と比較すると大きく異なる。古長島輪中と葭ヶ須輪中を境する旧輪中堤をみると、葭ヶ須、駒江の斜行する堤塘集落はほとんど被害はなく、高潮の浸水もうけなかった。しかし鎌ヶ池集落は源部外面から、旧輪中堤は木曾川右岸に東西走しているため、鎌ヶ池堤塘集落は洪水波に直面することとなり、流失家屋63％に達し死亡者率49％を出している。鎌ヶ池は最南端の松蔭決壊口から6,600m離れているにもかかわらず、悲惨な被害をうけたのは、たんに臨海度の問題だけでは解明できない要因が相乗している。

　松蔭中集落（松中）は老松輪中と松蔭輪中との境を東西走する列村状の堤塘集落で、南端の決壊口に最も近い新しい集落であるが、その戸数36戸のうち、流失家屋25％、死亡者率7％に過ぎない。ここの旧輪中堤は新しいだけに他の旧堤よりも高く、水田面との比高約2mであることが一因と考えられる（図3.10）。

4　木曾川河口部の農業的土地利用とその変容

(1) 低湿地特有の高畦耕作

　木曾川河口部の農業は水害常襲地域のため、その土地条件に適応した伝統的な稲作技術をもっていた。それが高畦耕作である。

　有薗正一郎の研究によると、1945年の統計では冬季水田高畦の全国総面積7万4,474町歩は、全国水田面積の2.5％にすぎないが、上位の分布地域は愛知、三重、岐阜の3県であり、それらはすべて木曾川河口部であり、これら3県の高畦面積は全国の30％であり、これは木曾川河口部における低湿地の地域性を明確に表している（表3.4）。

　いうまでもなく高畦耕作は低湿地における湿田耕作による低い生産性の向上を目的としたもので、高位部の輪中地帯の堀田耕作を酷似するものである。

　濃尾平野における水田率は高く、なかでも木曾川河口部はとくに高く、さ

表3.4 1945年の冬季水田高畦の面積（有薗正一郎作成）

都道府県名	面積（町歩）	全国統計中の構成比（%）
愛知	15,738	21
島根	6,803	9
福井	4,992	7
静岡	4,619	6
鳥取	4,038	5
佐賀	3,826	5
岐阜	3,490	5
新潟	3,109	4
京都	2,418	3
石川	2,167	3
三重	1,975	3
滋賀	1,614	3
高知	1,607	2
埼玉	1,571	2
山口	1,559	2
その他	14,948	20
全国統計	74,474	100

らに二毛作田率は最も低い。耕地面積の80％を超える水田の半分以上は裏作のできない水田であった。したがって木曾川河口部の耕地利用率は、高位部の扇状地、自然堤防卓越地帯の濃尾平野よりもさらに低い。

　木曾川河口部の営農形態を要約すると、水田単作が、もしくは夏作の稲と高畦の冬作の工芸作物、菜種の組合せであり、水田の利用度は濃尾平野の低地域と比較して、その利用率はきわめて低かった。

　海抜0m以下の水田は、塩気を含む水を灌漑した田、塩気を含む水が吹き出る田、破堤によって冠水した田などがあり、塩気を除かないと稲は育たない。江戸期の農書『農家録』によると、塩気を含む田の水を秋の彼岸から大寒の間に落として、塩気を含む田の水を十分に干しておいて、春の彼岸前から淡水をかけ流し、また干してはかけ流すことを繰り返す方法を奨励している。

　この方法で塩気を抜いてから冬季に高畦「くね（畦）田」を作って、水田の地力維持の向上を図るとともに、稲と菜種、または稲と麦との二毛作を行

う高畦耕作は、低湿地における水損不作を防除するために創出されたものである。高畦は通常2段積と3段積で高さは約50cmとなる。この高畦作り（くね田）は重労働であった。

　高畦耕作も20世紀になり排水機の設置（長島輪中では1903（明治36）年に水車排水機、翌年に蒸気ポンプによる排水機設置）と暗渠排水が施工された乾田化が進行するが、反面では圧密収縮による地盤沈下、地震時における沈降などが相乗して劣悪な土地条件は容易に克服できなかった。

　とくに地盤沈下は昭和30年代から顕著となり、最大累計沈下量は140cmに達する地域もみられた。被災地域の広域地盤沈下は海抜0m地帯の拡大という地域防災上致命的な機能低下をもたらし、居住環境の悪化をもたらした。

　土地改良事業により乾田化は進められるが、依然として地下水位は高く、水損不作の防除は宿命的な課題であった。いうならば木曾川河口部の開田は内水対策、外水対策が最重要な施策といえよう。

　その対策としては高畦耕作による農業技術以外にさまざまな改良事業が行われてきた。その事業は古く1903（明治36）年に長島輪中の十日外面に、翌年に同輪中大島に蒸気排水機が設置されており、この設置は伊勢湾台風により破堤入水した岐阜県養老町の多芸輪中の大巻のポンプ場に次ぐものである。

　これと前後して1898年に葭ヶ須輪中の伊曽島村に水利組合が設立、翌年には高位部の古長島輪中に水利組合が設立されるなど用排水の近代化が進められた。同時に1887（明治20）年には蘭人傭工師ヨハネス・デレーケ（Johannis De Rijke）による木曾川下流改修工事が横満蔵より施工されて、木曾川河道は直線化されたため、大島の集落は全戸が水没して移転した。この改修工事により長島輪中の右岸域および加路戸輪中に潰地ができ輪中の形態は変化した。

　各地に排水機場が設立されるに伴い水利組合も組織されるが、敗戦による農地解放により村外地主が追放されると、水利組合は土地改良区にかわり、1955（昭和30）年には耕地整理事業が開始される。この区画整理とともに

葭ヶ須、都羅、横満蔵、老松、松蔭などの小輪中は合併して複合輪中の長島輪中となる。同時にこの年に新しく長島町水防団も結成された。

区画整理事業が促進されたのは、1954（昭和29）年の建設省による木曽、長良両川の浚渫改良事業の残土をサンドポンプにより農地の嵩上げ、池沼の埋立工事が行われたことによる。この事業により乾田化、機械化による農業が約束されることとなった。

この新しい農業生産力向上の途上の1959（昭和34）年9月26日に伊勢湾台風に直面することとなる。

被害を国道1号線以北の古長島輪中と、以南の干拓型の新輪中と比較すると、破堤は前者の高位部の古長島輪中にはみられない。22か所の破堤はすべて後者の干拓型輪中である。この両者で比較すると、長島輪中全体の流出家屋246戸に対して、干拓型輪中のみで238戸である。この対照的な被害は微地形もさることながら、高潮とその臨海度が一因となっている。

(2) 復旧工事と温泉開発

未曾有の伊勢湾台風の復旧工事は1960（昭和35）年1月より開始され、昭和37年7月に緊急工事は一応完了する。

最も大きな被害をうけた長島町（現桑名市長島町）は、被災地域31,000haのなかでも、最も地域変容の著しい地域となったのは、ある点では興味あるフィールドといえよう。

その核となったのは長島温泉（グランスパナガシマ）の開発である。当初は天然ガス採取も目的として、最南端の伊勢湾に面した松蔭新田（松蔭輪中）で1959（昭和34）年に掘削をはじめたところ、摂氏60°の温泉が湧出した。泉質はアルカリ性単純泉で湧出量は1日1万トンといわれている。

開発は昭和39年であるが、その後、温泉施設以外に関連施設の「なばなの里」輪中の郷、ナガシマスパーランド、長島スポーツランド、アクアプラザなどが造成され、これらを綜合すると年間客数は約494万人（平成16年）を数えている。

この観光開発に伴いアクセスの点でも、名四国道、東名阪国道、伊勢湾岸

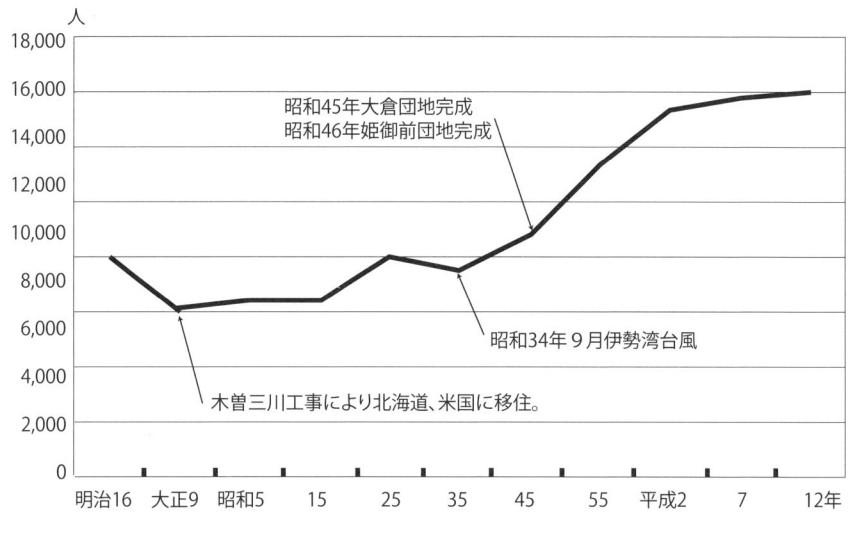

図3.11 長島輪中（長島町）の人口動態（国勢調査・長島町より作成）

自動車道などが開発し、それぞれI・Cによって東西交通と結節している。

画期的ともいえるこのプロジェクトは、大きな地域変容をもたらした。例えば図3.11にみられるように人口は1960（昭和35）年の8,555人が、2000（平成12）年には約2倍となっている。これは1970（昭和45）年よりの温泉付分譲住宅（大蔵団地、姫御前団地）約730戸の造成などがある。

その結果として産業別人口構成（表3.5）も大きく変化した。1980（昭和55）年の農業人口973人であったものが半減して、2000年には520人となっている。反対に第3次産業人口のサービス業は、1980年の1,160人が、2000年には倍増して2,330人となっている。

かつて低湿地の水田単作による生産性の低い、輪中農村地域は伊勢湾台風の復旧事業とともに農業構造改善事業と付帯事業とによって大きく脱皮した。この変容にさらに拍車をかけたのが、長島温泉の開発とそれに関連する一連の巨大プロジェクトであった。

この急激な景観変化は、地域住民に低湿地の概念を喪失させ、さらに伊勢湾台風より50年の時代の流れは住民に悲惨な災害意識を過去の出来事とさ

表3.5　職業別人口構成の推移（長島町、国勢調査より作成）

	昭和55年	昭和60年	平成2年	平成7年	平成12年
総数	6,033	6,774	7,465	8,255	8,334
第1次産業	1,094	951	818	759	655
農業	973	777	665	593	520
林業	0	0	1	1	0
漁業・水産業	121	174	152	165	135
第2次産業	2,066	2,527	2,765	2,807	2,722
鉱業	3	3	7	5	3
建設業	589	759	802	944	987
製造業	1,474	1,765	1,956	1,858	1,732
第3次産業	2,856	3,276	3,880	4,681	4,922
電気・ガス・熱供給・水道	40	35	28	41	49
卸売業・小売業・飲食店	1,009	1,236	1,334	1,590	1,606
金融・保険・不動産業	141	172	197	208	189
サービス業	1,160	1,286	1,694	2,110	2,330
公務	149	159	173	202	186
分類不能	17	20	2	8	35

単位：人

せた。この傾向は水防意識（防災意識）の低下と結びつくこととなる。そのためにも治水は地域住民の水防意識によって支えられていることを行政はガイダンスすべきである。

参考文献

国土総合開発調査会『伊勢湾台風調査報告』朝日新聞社　昭和35年

伊藤重信『長島町誌　上』長島町　昭和49年

養老町『養老町史、通史編　下』養老町　昭和53年

岐阜県『連年災害復興誌』岐阜県　昭和40年

養老町『養老町の大水害』養老町　昭和37年

伊藤重信『輪中と高潮』三重県郷土資料刊行会　昭和57年

有薗正一郎『近世東海地域の農耕技術』岩田書院　平成17年

第4章　恐怖の高潮

1　流木の悲劇

　伊勢湾台風が未曾有の大災害となった要因として、その台風の規模もさることながら、高潮による越水破堤が夜陰である上に、人口密集の名古屋市南部が伊勢湾の最奥部にあるため潮位が最高となったことなどがあげられるが、被害を大きくした要因は貯木場にあった巨大な輸入材、ラワン材などの流失によるものである。

　この流木による悲惨さを当時の新聞は"流木地獄"と称し、次のような記録もみられる。

　「…あの夜の数時間にこれらのラワン材は40万トン、5.3メートルの高潮におどらされて直径2メートル以上の巨木が八号地の貯木場をとび出し、トラックのスピードと戦車の勢いで町へなぐりこみ、あるいは水車のように、たてにまわって狂いながら、すでに水びたしになっている家々を襲って暴力の限りをつくしたのだ。

　柱を折られてぐさっと一方に傾いた家、土台をこわしてなめに縁の下で突っ込んだままのヤツ、全部こわされて木っぱの山となり果てたままの所はもしやこの下に、…と思うと正視するにしのびない…。流木さえなかったなら、死者も家屋倒壊もずっと少なくてすんだはず、親しい者を失った人々にとって流木への怒り恨みはどんなであろうか。…」（写真4.1〜写真4.3)

　名古屋における貯木場の歴史は古く、江戸期の開府とともに木曽山一帯は尾張藩の支配下となり、木曽檜をはじめ木曽五木は尾張藩の重要な財源となった。これら木材は木曽川水運により熱田湊まで流送されて、熱田白鳥の

第 4 章　恐怖の高潮　　79

写真 4.1　8 号地貯木場より流出した木材、昭和 34 年 9 月 30 日
出典：『伊勢湾台風その後の 20 年』

写真 4.2　流木におおわれた中部電力社員研修所
出典：中部電力『伊勢湾台風、被害と復旧の記録』

写真 4.3　既製の筏が通路となった新名古屋火力発電所社宅
出典：中部電力『伊勢湾台風、被害と復旧の記録』

貯木場に貯留された。明治期になると木曽山は国有林となり白鳥貯木場は営林署の管轄下におかれた。

　明治を経て大正期になると、名古屋の木材業者が合板のベニヤ板を開発したことにより、ラワン材の輸入が急増し、名古屋の輸入量は全国比24％（昭和34年）を占め、その量は戦後最大となり、収容しきれない原材は大江川、堀川河口に繋留されていた。堀川沿いに多くのベニヤ合板工場が建設され、名古屋は日本でその生産は最大となり、それにともなって熱田港にかわって名古屋港が築港されて、臨海地に工場地帯が立地して、多くの貯木場が造成された。

(1) 貯木場の立地

　災害前の名古屋港周辺の貯木施設は表4.1にみられるように17か所で（図4.1)、その貯木能力は年間119万トンで、そのうち8号地貯木場が最も大きく、約45万トンで全国の38％をしめ、次いで加福貯木場が35万トンで29％となり、この両貯木場で全体の67％の貯木能力をもっていた（表4.1、図4.2参照）。

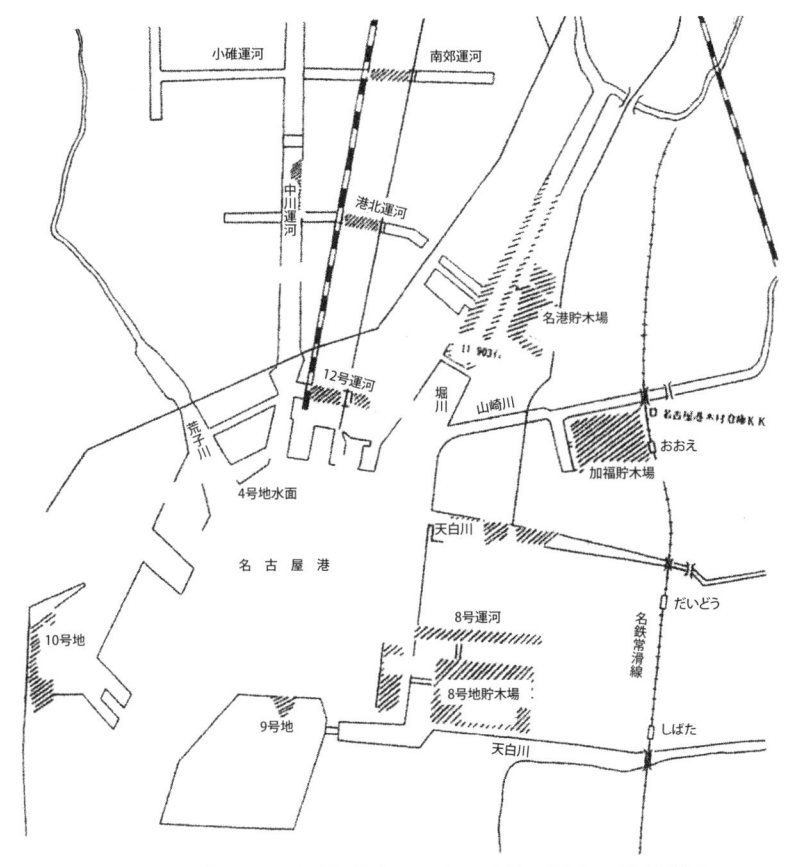

図 4.1 名港周辺の貯木場分布図、台風直前の貯木・繋留状況
（流木集材記録編集委員会、1961）

　とくに昭和 8（1933）年に第 4 期工事として計画された 8 号地貯木場は、増加する輸入木材に対応するため造成されたが、大正元（1912）年の高潮災害を教訓に施工された。
　それ以前の貯木は堀川河口や、堀川中央の通路を残して、水面のすべては材木でうめつくされ、その川面の両サイドの材木の上に積み上げられる貯木方法であった。そのため高潮は堀川を逆流して満潮位線をはるかに越えて、山積された材木は崩れ落ちて、川面は材木で埋めつくされた。退潮時にはこれら材木は港内一面に充満し、台風の波浪により荒れ狂って波除、護岸の破

表 4.1　名古屋港の貯木施設
出典：1959年伊勢湾台風報告書

種別	所在地	面積(m^2)	年間貯木能力(トン)
水上	熱田区西町	106,080	140,000
陸上	〃	49,041	60,000
水上	〃（北池）	9,256	3,600
〃	〃（中池）	3,570	960
〃	〃（南池）	21,450	4,750
〃	熱田区牛巻	3,118	1,100
〃	〃 六野町	12,460	5,000
〃	瑞穂区桃園町	2,905	1,200
陸上	〃	9,005	2,800
水上	中川区西古渡町	6,306	2,000
〃	港区船見町(8号地)	423,040	450,000
〃	〃 木場町	266,750	158,500
〃	〃	6,480	1,250
〃	港区本宮町	2,300	1,250
〃	〃 九番町	3,331	3,000
陸上	〃	1,983	5,000
水上	南区笠寺町(加福)	290,444	350,000
	計	1,217,573	1,190,410

損、桟橋、上屋、民家などの建造物は悉く破潰された。

　大正元年9月の大暴風の被害をうけて、第4期工事の8号地貯木場では、護岸の上に高さ約1mの波除を施工して、満潮面上3mにするなどの高潮対策をした。また8号地では海面貯木による海虫や海藻からの害を防止するため、貯木場の出入口を閘門式にして海水を遮断して、潮の干満にかかわらず木材の出入を可能にした。この貯木方法は8号地がわが国で最初である。

　この第4期工事の結果、昭和9（1934）年の室戸台風時にも被害をうけることはなかった。しかし伊勢湾台風では最高潮位 N.P ＋ 5.31 m（N.Pは Nagoya Peil 名古屋港平均潮位）となり、8号地貯木場の南側堤防高を約0.5 m上回った。そのため南側堤防約900 mが破堤し約28万石（1石＝10立方尺＝約0.28m^3）が流失した。その流失量は8号地貯木量の約80％に達したといわれる。その範囲は東方約4kmの東海道本線付近まで達した。と

図 4.2　災害前の主要な貯木場分布図
1：名港貯木場（港区木場町）
2：加福貯木場（南区加福）
3：8 号地貯木場（港区船見町）
ベース図は地形図「名古屋港南部」昭和 22 年修正測量、「鳴海」昭和 34 年修正測量

くに、1〜1.5km 範囲の市街地である元柴田町、鳴浜町、松下町、源兵衛町、鳴尾町は大きな被害をうけた。

　その他、加福貯木場から約 5 万石、名港貯木場から約 2 万石が流失して大きな被害をあたえた。

　名古屋市臨海部、とくに南区の流木被害の甚大は、貯木場管理とその周辺の住宅環境にも問題があった。とくに 8 号地、および加福貯木場近傍は海抜 0 m 以下の低湿水田のため、住宅地、工場用地としては不適地であった。

その地帯に急速に都市化が進行した。それらは一部の社宅を除いて、土地の嵩上げもなく木造平屋建であった。いうならば土地条件の劣悪な地域に都市化が進められていたのである。また貯木場の管理、繋留地の整備も名港管理組合との間で協議途上にあった。

　この悪条件の相乗した条件下に異常な高潮の来襲となった。その悲惨な災害をきたした例を8号地貯木場について先述した。

　山崎川河口の加福貯木場土堤を4ヶ所全長75m破堤するに至った。しかも破堤、越堤の原因は、ただ高潮によるものだけではない。それは堤防護岸の不備によるものでもあった。例えばその計画段階において既往最高と考えられた、大正10 (1921) 年の最高潮位4.38mを基準に設計されたものである。

　よく知られるように伊勢湾台風は未曾有の被害を出した。その大半は高潮によるものであるが、表4.2の「東海三県被害人員家屋」をみても、死者数の最も多いのが、名古屋市南区の1,415名、行方不明者73名の計1,488名で、名古屋市全部の82％におよんでいる。これは高潮にのって貯木場の大量の木材（主として輸入ラワン材）の流失によって住宅を破壊したものによるものである。その家屋被害は南区で全壊家屋、2,499戸、港区2,999戸となり、名古屋市全部の全壊家屋6,754戸のうち、南区、港区で5,498戸となり、その大半が南、港の両区である。

　この被害について、高潮そのものによるものか、それにともなう流木によるものか、判然と区別できないが、大規模貯木場が南、港の両者に集中していること。また貯木場周辺の道徳町、築地、大江、舟見、昭和、白水、左門などの各町は大正期以降に造成された人工埋立地の低湿地であることをみると、高潮にともなう流木によるものと考えるのが妥当であろう。

　なおこれら地帯の住民は、入居の新しい人々が多く、災害の経験もなく、その土地環境に対する認識も少なく、避難体制、防災意識の低いことにも問題がみられる。

(2) 流木回収の問題点

表 4.2 東海三県被害人員家屋
出典：『伊勢湾台風実態調査報告書』行政監理庁、昭和 35 年

	愛知県計	名古屋市	名古屋市 中川区	名古屋市 港区	名古屋市 南区	半田市	海部郡	海部郡 十四山村	海部郡 飛島村	海部郡 弥富町
死者	3,081	1,848	20	374	1,415	290	412	34	101	255
行方不明	193	77	0	7	73	—	104	2	35	67
重傷	2,996	777	114	201	262	92	1,057	200	1	66
軽傷	23,436	6,145	861	1,831	2,345	573	5,156	1,000	—	1,583
計	29,706	8,847	995	2,410	4,104	954	6,729	1,236	137	1,917
全壊	24,311	6,754	226	2,999	2,499	938	1,872	270	260	759
流失	3,209	1,595	9	617	961	511	441	65	135	231
半壊	96,882	42,397	1,718	13,345	21,901	1,963	5,583	565	322	1,411
床上浸水	53,362	35,345	11,983	3,820	4,117	1,918	3,155	32	—	214
床下浸水	63,322	32,554	6,283	12	2,286	4,181	1,622	—	—	88
計	241,086	118,639	20,219	20,793	31,764	9,511	12,678	932	717	2,703
非住家の被害	114,472	6,503	740	674	69	600	2,653	98		576
人口(34.9.1)	4,069,700	1,500,649	124,503	91,662	146,873	69,784		4,970	4,290	16,037

	三重県計	四日市	桑名市	桑名郡	岐阜県計	3県合計
死者	1,163	110	187	641	86	4,330
行方不明	148			18	359	
重傷	4,625	2,182	125	425	1,708	32,765
軽傷						
計	5,936	2,292	312	1,066	1,912	37,454
全壊	3,851	1,461	410	490	3,909	32,071
流失	732	(全半壊)	(全半壊)	(全半壊)	113	4,054
半壊	9,927				12,337	119,146
床上浸水	41,695	199,832	5,419	1,443	2,400	95,057
床下浸水	35,001			8,515	106,838	
計	91,206			27,274	357,166	
非住家の被害	14,237			20,099	148,808	

(注) 三重県は34年10月12日現在
岐阜県は10月27日現在
愛知県は35年1月9日調べ
(「伊勢湾台風実態調査結果報告」
行政整理庁 昭和35年)
※死者、行方不明者数については
各報告書により若干の相異あり

8 号地、加福、名港などの貯木場および堀川、中川運河筋から推定 87 万石のラワン材を中心とする巨木が、瞬時に高潮とともに、名古屋市南部の臨海の住宅密集地や工場に流れこみ、甚大な被害をもたらした。電柱以外の巨木をみたこともない住民にとって、恐怖そのものであり、その措置すらおぼつかない一瞬の出来事であった。

公共機関においても公道、鉄道線路上に大木が散乱し、人力では撤去でき

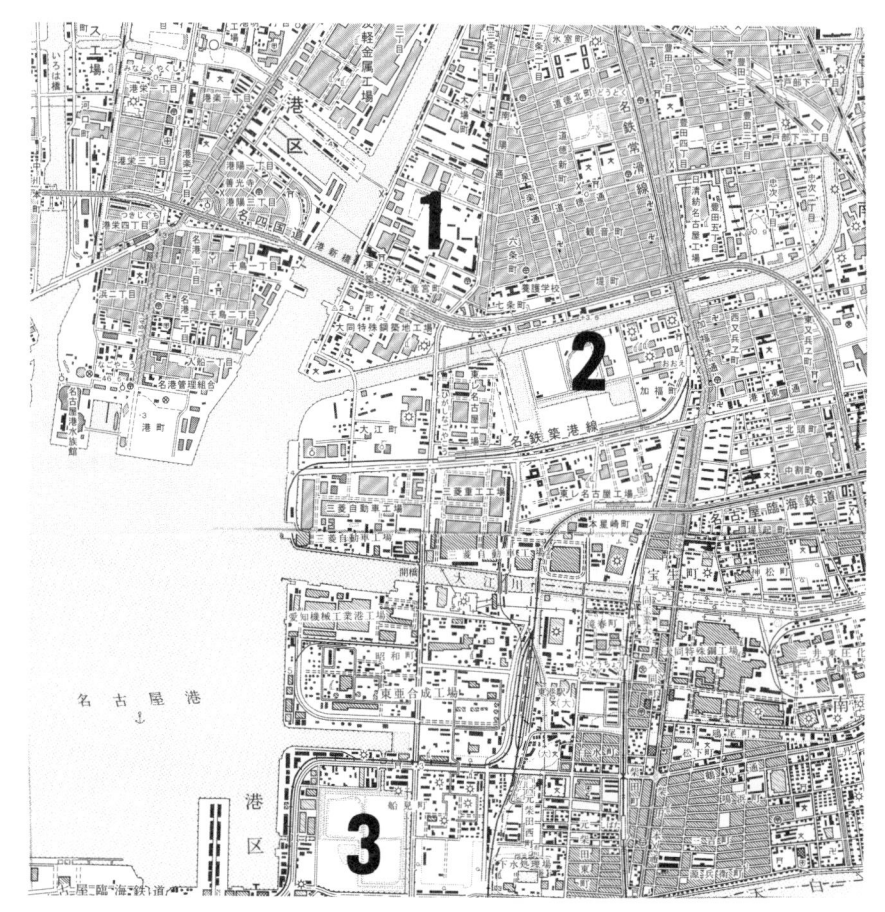

図4.3　災害後の旧貯木場跡地
地形図「名古屋港南部」昭和55年改測、「鳴海」昭和55年改測

ず散乱したままであった。また名港には浮流した巨木により重要救援物資の輸送、活動にも大きな障害となってきた。

　これら流木の処理のため9月28日に流木対策本部を設置して、自衛隊の協力を得たが早期の撤去はきわめて困難であった。その要因として次の事項があげられる。

　（a）流木被害の実態が交通、通信の途絶により、その被害の全容が明らかになったのが10月初旬のことであった。

写真 4.4　名古屋市南区役所広場に収容された犠牲者、昭和 34 年 9 月 28 日
　　　　出典：いずみの会『伊勢湾台風―その後 20 年―』

（b）木材業者自体がその被害の甚大さに、集材意欲を失う一方、木材業者間の協力体制もできなかった。それには業者自体も被害をうけたこと。また行政、警察、消防などの関係機関も死体の収容（写真 4.4）、救援食料対策などに忙殺されて、集材協力に応じられなかった。

（c）機械、器材および人員、とくに筏師（トビ職）の不足により容易に進捗できなかった。その対応として全国各地に応援を求め、最高時には 18 輛のクレーン車を稼働させた。筏師は特殊な技術を要するため、全国の港湾都市に応援を求め、地元以外より 220 名の筏師の応援を得ることができた。機械力の点では自衛隊の優秀な機械による撤去作業が大きく役立った。

（d）その他の要因として、当初は木材業者は流木の盗難防止のみに対策し、被害住民の感情を無視した言動があり、各地にトラブルが続出したことも対策遅延の一因であった。

この流木処置も翌年の 1 月にはその約 80％が集材されて 2 月中旬をもって一応終了し、3 月末に流木対策本部は解散した。これらに要した費用は約 5 億円とされている。

流木によって生じた損害補償については、当初よりその責任の所在が不明確であり、その上、被害が未曾有のものであるため、その必要性が痛感されながら解決は容易ではなかった。結局、調停により堀川以東の犠牲者に対し、死者 15,000 円、流失家屋 8,000 円、倒壊家屋 4,000 円に決定し、2 ヵ月ぶりに一応妥結した。

しかしこのような経済的補償は流木被害の根本的解決とはなるはずがない。その解決策として復興計画の一環として、名港周辺の貯木場の移転が審議されたのは、被害規模からみて当然のことであろう。

とくに流木流出の甚大であった 8 号地、加福、名港の各貯木場は伊勢湾最深にあるため、高潮潮位が最大となるため、移転対象の第一にあげられて、図 4.2、図 4.3 を比較してもわかるように移転した。その移転先は伊勢湾口から離れた、新しい名港コンテナーヤードの飛島地区に新設された（図 4.4）。

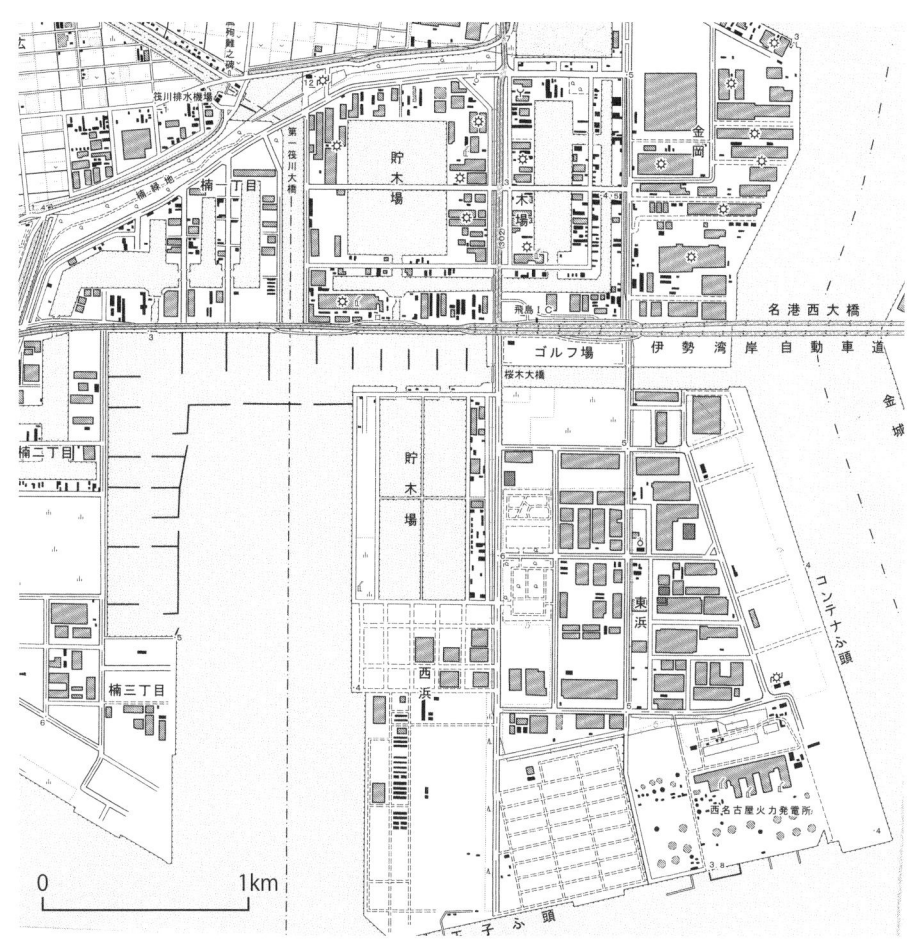

図 4.4　移転後の新貯木場―飛島コンテナヤード―
地形図 1:25,000「飛島」昭和 55 年改測、平成 16 年更新

2　悲惨をきわめた鍋田干拓地入植者

　伊勢湾台風で最も被害が甚大であったのは、鍋田干拓地である。この集団入植地は木曾川河口部の東部にあたり、愛知県、三重県の県境部にあり、愛知県弥富市南端の伊勢湾に突出した干拓地で、面積は 638.8ha である。台

風襲来当時の入植農家の164戸はすべて全壊した。そのうち33戸の家族は全滅し、入植者318名中の133名が死亡するという最悪の惨事となった。

(1) 干拓地開発の経緯

この広大な干拓地の造成工事が完工するのは昭和31（1956）年である。しかしこの造成にいたるまでには永い前史がある。

　鍋田干拓地西寄りのほぼ3分の2の土地は天保六（1835）年に、尾張藩をはじめ、名古屋商人の関戸弥太郎と近在の地主の共同出資によって開発され、17年後の嘉永五（1852）年に出資者への土地配分を終えた。この頃には約80戸、500人の入植者があったといわれる。しかし嘉永三年の夏、秋の暴風雨の高潮をうけ、海原となり、家屋の倒壊もあって死者18人を数えた。当時の干拓面積は約390haで江戸期としては大規模なものであった（図4.5参照）。

　しかしこの干拓型低湿地水田のため、外水、内水災害を度々うけ水損不作地となった。なかでも安政元（1854）年の大地震翌年の安政二（1855）年の大洪水により大被害をうけ泥海と化した。開発地主たちは所有権だけを残して安政五年に耕作を放棄して亡失田となった。この泥海と化した干拓地で附近の農民たちは海苔養殖をはじめ、またハゼやボラの漁場やシジミ、アサリの潮干狩りの好適地となった。地主たちも再々に耕地の復興を計るが、複雑な漁業権、所有権などとともに資金面もからみ実現にいたらなかった。

　それが第2次大戦後の食糧増産として再び計画が浮上した。それは緊急開拓事業実施要項の閣議決定であり、鍋田干拓も国営事業として取り上げられることとなった。

　その実施にあたって湖面干拓は農林省、海面は運輸省に委託して行うこととなった。鍋田の場合も当初は、この事業案と名古屋港との関係から、運輸省が管轄したが、昭和26（1951）年に農林省に移管された。

　干拓事業の進行には次の問題点があった。
(1) 干拓地の大半が民有地であり、その所有者が11名におよんでいること。
(2) 満潮時に水位があがることから定置網漁業が愛知県より認定されてい

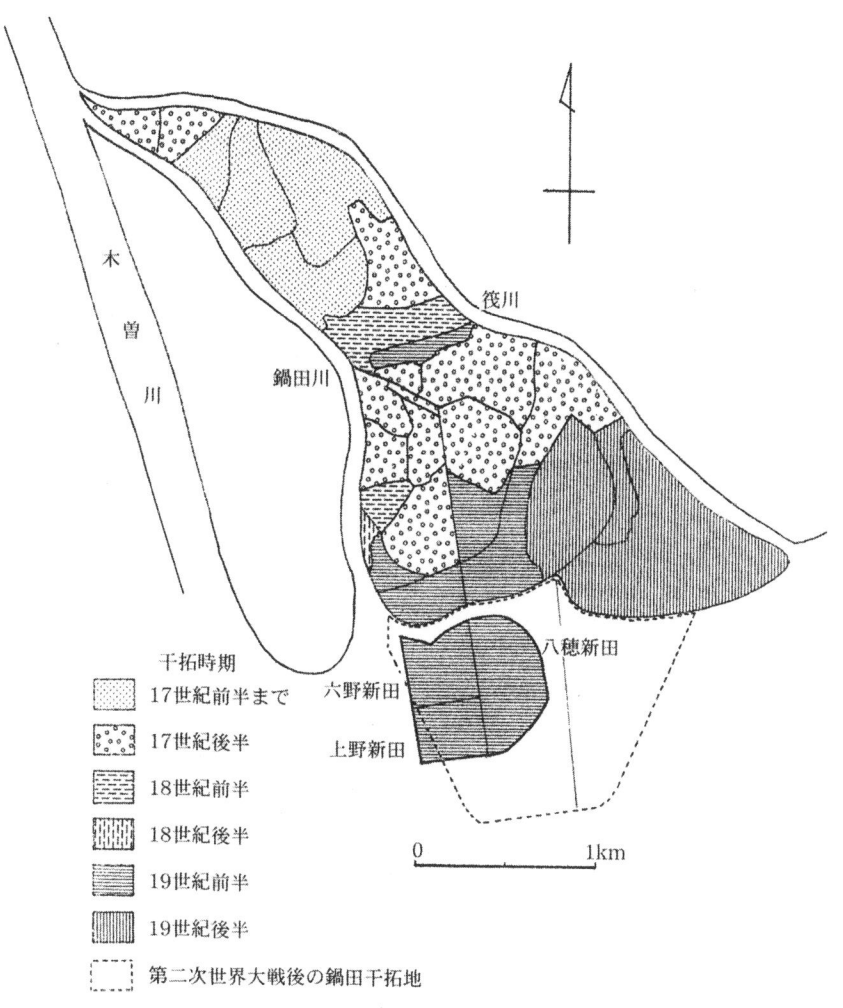

図 4.5　鍋田干拓地の開発前史
出典：『日本の干拓地』

ること。
(3) 海苔養殖および蕀（よし）により収入の多いこと。
などがあげられる。それらは干拓職員の積極的な説得の結果、昭和 23 (1948)
年に干拓事業は開始された。そして昭和 31 年の締切潮止めによって陸化さ

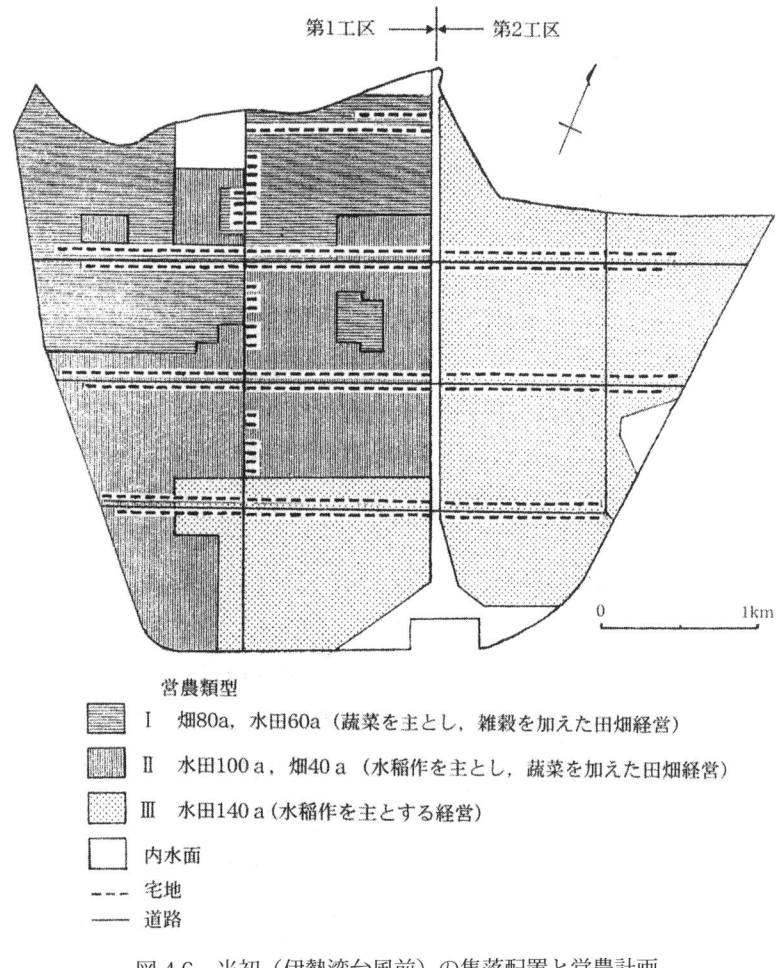

営農類型
- ▨ I 畑80a, 水田60a（蔬菜を主とし, 雑穀を加えた田畑経営）
- ▨ II 水田100a, 畑40a（水稲作を主とし, 蔬菜を加えた田畑経営）
- ▨ III 水田140a（水稲作を主とする経営）
- □ 内水面
- --- 宅地
- ─── 道路

図 4.6　当初（伊勢湾台風前）の集落配置と営農計画
　　　　出典：『日本の干拓地』平成 18 年

れ、堤防工事とともに用排水設備は昭和 33 年に完成して、第 1 工区（中央の南北に縦貫する幹線の西区画（図 4.6 参照）より入植が開始された。
　画期的な集団入植地だけにその期待も大きかった。それだけに入植者に求められたものは「新農村の担い手として必要な営農技術と協同精神の訓練を受け、さらに鍋田干拓地に設けられている鍋田キャンプで干拓造成工事参加

を主体に協同生活の訓練、または入植後の営農設計などの指導を受けた者」とされた。

入植者は面接で選考され、第1期生50名の青年は愛知県農村建設青年隊となり1年間、豊橋の開拓訓練所と現地の鍋田干拓地で指導を受け、昭和31年4月に入植した。第1期の入植者は愛知県29名、長野県19名、岐阜県2名で、年齢では最年長は27歳、最年少は19歳で、平均23歳であった。

昭和31年に開始された入植は、9期にわたり半年ごとに続けられた。1戸あたりの耕地は当初は1.4ha、宅地0.06haの土地配分で計画された。

(2) 干拓地に悲劇

新時代の脚光をあびたモデル農村も、昭和34(1959)年9月26日に襲来した伊勢湾台風による高潮災害により、壊滅的な被害をうけた。この時の鍋田干拓地は高さ6.3mの海岸堤防、延長7,050mによって防御されていたが、7,050mのうち5,350mが破堤、残ったのはわずか1,700mであった。

当時の入植農家の164戸の全部が全壊流失した。人的被害のうち33戸が一家全部が死亡し、164戸の家族を含めて318名のうち133名が犠牲となった。入植者の約42％が尊い人命を失った。

これら犠牲者の多くは若い入植者や新婚早々の女性であった。なかには台風の7日前に豊橋の開拓訓練場から来たばかりの7期生の若者や、入植した年に結婚した人も多く、新婚早々の花嫁6名、妊娠4か月以上の女性38名も命をうばわれた。

その悲惨さを「鍋田干拓入植者が語る伊勢湾台風」の座談会のなかで、"……一気に高潮に襲われて、キャーという妻の悲鳴を聞いたのが最後の言葉でした。妊娠7か月の妻とはそれっきりです"、あるいは"……雨戸の補強をしていると高潮が一気に襲ってきた。台所におった長女が「キャー」という悲鳴が最期の言葉でした。妻も子も2人とも高潮に呑まれて"と語っている(写真4.5)。

昭和34年10月の朝日新聞の記事には「鍋田干拓の悲劇　花嫁16人も犠牲に」と題して、つぎのような記述がある。

写真 4.5　高潮により消えた鍋田干拓地―10月5日―
出典：『伊勢湾台風の全容』中部日本新聞社

　伊勢湾台風の悲しい犠牲―愛知県海部郡弥富町の鍋田干拓地は、その全域（638ヘクタール）が"海没"したまま、被害の真相もわからなかったが、愛知県農地部農地開拓課の調査で、全家屋が流失、入植者の6割が波にさらわれたという大きな悲劇が8日はじめて明らかになった。

　鍋田は海岸堤防7,500mのうち7,000mが高潮に流され、海面下1mの干拓地にあった全家屋164戸は一瞬にして跡形もなくなった。わずかにふろ場のコンクリート土台が家の位置を示しているだけ、同課の8日現在の調べによると、災害当時の居住者314人のうち犠牲者は死亡確認90人、行方不明96人、計186人と、入植者の約6割にのぼっている。

　この干拓地は、総工費22億円で22年に着工され、今年ほぼ完成。さる30年から豊橋市の農業訓練所の研修者が入植していた。台風の襲来4日前、22日に1か年の訓練生活を終わって7期生17人が南端の海岸堤防に近い「愛知県農村建設青年隊」宿舎に入ったばかりだったが、全滅した。弥富町出身の水谷幹夫君（17）らみんな17歳から20歳ま

での中部・関東地方出身の農家の二、三男だった。村の世話役の一人、川越繁雄さんも「かわいそうでしょうがない。まだ、にきび面で、開拓の希望に燃えていたのに…。もう5、6日も入植が遅かったら…」と暗い表情だった。

　だが悲劇はこれだけではない。妻帯者70世帯のうち20世帯、54人が一家全滅している。とりわけ若い開拓者が多かっただけに、新婚2、3ヶ月組が16組もいたがその花嫁さん16人も海にさらわれ、妊娠4ヶ月以上の婦人42人のうち38人が死んだ。一瞬の大波が動きの鈍いこの身重な婦人たちの生命を奪い去った。火葬にしようとしたとき、お腹のあかちゃんが出てきたという悲惨な話もある。ここの生活には子どもが希望の光だったが、15人いた子どももわずか4人しか残っていない。

　危うく難をのがれた人たちは、帰省、入院者を除いて甚目寺中学（130人）美和中学（6人）に収容されているが、まだあの大きな打撃からさめやらず、みんなただ呆然としている。川越さんは「我々は肉親を奪われ、土地を失い、生きる道を絶たれた。それでも生き残った者だけでも結束して、あの干拓地でまたクワをふるう願いは捨てない」と訴えた。

(3) 干拓地の地形的環境

　被災地域になかでも、最も被害の甚大であったのは鍋田干拓地である。その要因として最も地盤高が低く、－1mから－2mであり、地盤沈下の著しい地域であることともに臨海度などが上げられるが、災害調査の結果、澪が破堤と大きく関連することが判明した。昭和35年の科学技術庁資源調査会の『伊勢湾台風災害調査報告』によると、「高潮の進入路と地形」の項で（1）河川にそうもの、（2）澪にそうもの、（3）旧河道にそうもの、（4）堤間低地にそうもの、などをあげ、（2）澪にそうもののなかで、水路部の調査によれば、澪筋にあたるところがよく破堤しているとされている。この澪筋は海から干拓地内部までつづいており、高潮はこの澪にそって速くすすん

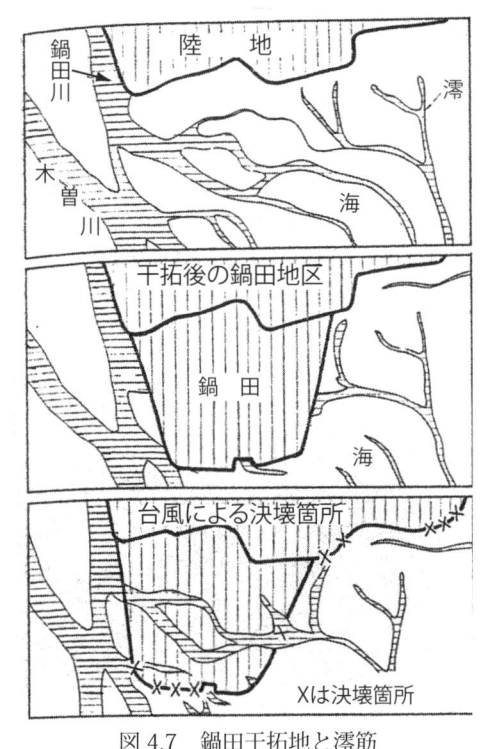

図 4.7　鍋田干拓地と澪筋
出典：日本建築学会『伊勢湾台風災害調査報告』昭和 36 年

だ。この現象は鍋田干拓などでとくに著しく認められた。

　図 4.7 の鍋田干拓地の澪筋(みお)をみると、東側堤防中央が最も甚大な破堤箇所は、澪の集まるところで堤防外側には大きな深みがあり、この澪は東方の大きな澪を結んで沖に向かっている。図 4.7 の澪筋の報告は、海上保安庁水路部測量課長松田氏外 15 人の調査によるものである。

　澪とはデルタ河口部の浅海、干潟地帯で深さ 1 m から 5 m 位の深さで水の流れる筋で船の航行できる水路であり、水脈、水尾ともあてる。なお高位部の輪中地域では破堤地のことを水用とも称し、切所を修復することを澪止、澪留と称した。

　伊勢湾の海底地形には、小氷河時代の海退期には古木曾川などの河道の谷

第4章 恐怖の高潮　97

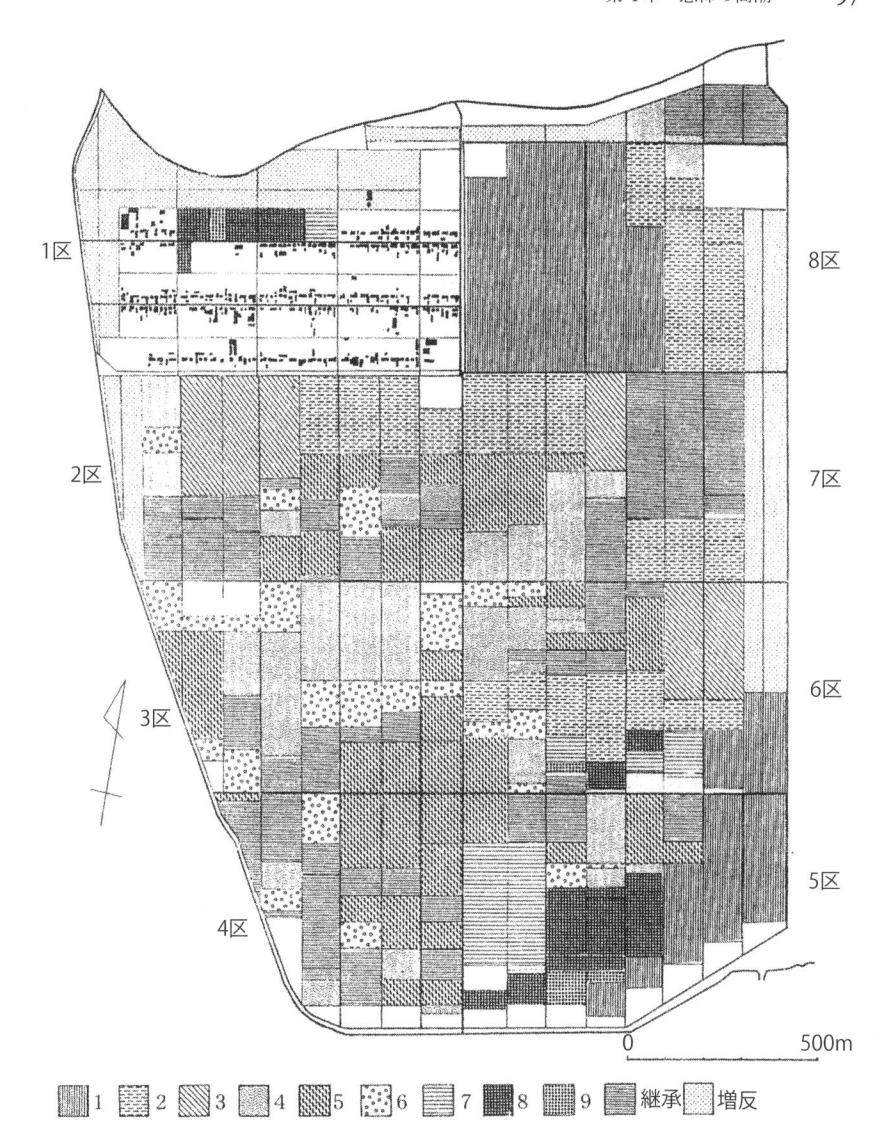

図4.8　被災後の干拓地第一工区の景観変化―1区が入植者団地―（山野明男原図）

筋が乱流して深い澪を形成していたが、高度経済成長期の名古屋港を中心とする大規模な臨海工業地帯の埋立造成により、大量に浚渫したため、現在では大きく地形は変化した。

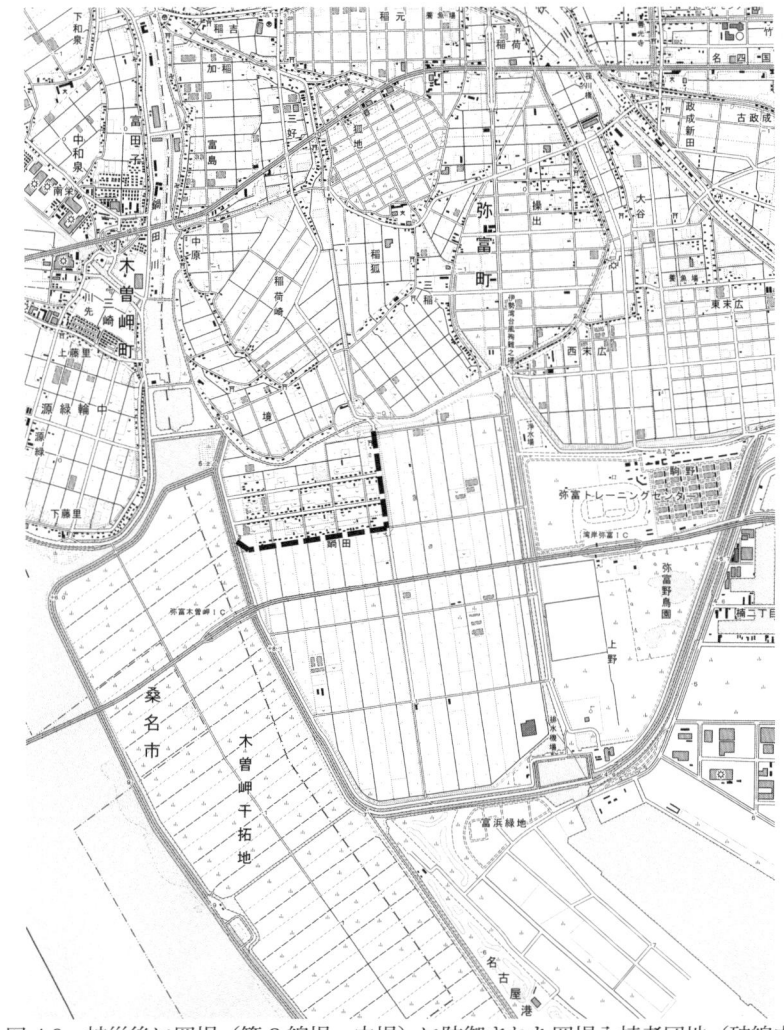

図 4.9　被災後に囲堤（第 2 線堤・内堤）に防御された囲堤入植者団地（破線内）
　　　　国土地理院 1：25,000 地形図「飛島」昭和 55 年改測

　澪筋による高潮の洪水波が以下に強烈であったかを実証するのが、図 2.5
の「洪水・被害状況平面図」である。図では鍋田干拓地のみ侵食の記号がみ
られる。これは澪筋よりの高潮により破堤した際に、破堤口が洗掘されて凹
地となる。この切所地のことを押堀と称しており、侵食された押堀が海岸堤

写真 4.6　伊勢湾台風後に築造された鍋田農村団地の囲堤（内堤）
2006 年 10 月伊藤安男撮影

防沿いに数多くみられるのは、いかに洪水波のエネルギが強大であったかが知られる。そのため被災地のなかでも最も犠牲者が多かったのである。また湛水期間が 120 日以上という長期におよんだのも、鍋田干拓地のみである。その干拓過程からも被災地のなかでも最も地盤高の低い地帯であったことも一因なっている。いうならば劣悪な土地条件がより劣悪となる条件が相乗した結果である。

　鍋田干拓の造成過程をみると、昭和 30（1955）年 11 月に潮止めを行い、干陸し用排水施設および地区内の道路等の干拓造成工事を昭和 35 年 3 月に完工する予定であった。しかし建設工事の 93％完了した段階で、34 年 9 月 26 日の伊勢湾台風により壊滅的被害をうけ、基本建設工事着工以来 10 億円余を費した成果は水泡に帰した。

(4) 復旧工事

　被災後直ちに復旧工事は進められ、応急仮締切工事は昭和 35 年 4 月に完了し、同時に本工事に着工、同 38（1963）年 3 月完工、干拓付帯工事も昭和 39 年度をもって完了した。この間復旧工事費は約 26 億 4,000 万円であった。

　新入植者の農地配分は 1 戸当たりの標準配分面積は、水田 1.87ha、畑

写真4.7 災害後に新築された3階建て住宅(弥富市提供)

13a、宅地595.8㎡(約180坪)であった。土地の売り渡し価格は第1次配分では10a当たり約7,000円、第2次、第3次配分では、10a当たり約9,600円で、その支払い方法は24年間の均等払いであった。被災後の新入植は昭和38年には139名である。入植者の出身地は愛知県が最も多く85名、長野県38名、岐阜県6名およびその他の県が若干名であった。

被災後の農地は、干拓地の3分の2に相当する第1工区の約430haを農業用地と指定し残りの3分の1の第2工区(図4.6(当初(伊勢湾台風前)の集落配置と営農計画)参照)を公共用地とし競馬の弥富トレーニングセンターおよび弥富野鳥園に転用した。

同時に入植者住宅の再構成を行った。被災前の入植者住宅は、古い日本の木造平屋建の建築様式であり、ブロックまたはコンクリートなどを主用材料として建築されたものは皆無であった。そのため全家屋が全壊、流失して伊勢湾台風最大の被害地となった。

災害後の入植者住宅が、従来の東西の幹線道路沿いに50m間隔で列村状に配置されていたのを(図4.6参照)、防災上の見地から大きく再編成された。

具体的には、新設住宅は第1工区の北西端の1区に約45haの区画内に集団的に新建した。新住宅建築に際し、災害の教訓から高潮対策として、東西約1000m、南北500mに高さ約1.4m、天端2.2mの囲堤（内堤、二線堤）をめぐらした。いうならば輪中集落を形成した（写真4.6参照、図4.9）。

新住宅はブロック造りの1戸建3階造りで、延べ総面積92.16㎡、1階は納屋、2階は居室、3階は避難場所をかねた子供部屋であり、輪中地域の水屋建築と同じ機能を具備したものである。建築に際し、基礎のコンクリート杭は1戸当たり18本を打ちこんで防災建築とした。建設費は1戸当たりやく93万円で、宅地造成補助約14％、住宅補助約14％、住宅金融公庫借入金約66％、自己資金約6％の割合であった。この財政支援により昭和35年度に88戸、36年度に44戸が建設された（写真4.7）。

悲惨をきわめた鍋田干拓地の復旧工事は、翌年の昭和35（1960）年より開始されるが、その特色は防災面を重視したことであった。

第1は第1工区の1号地の45haに囲堤（第2線堤、内堤）を築き、その囲堤内に132戸の農家を集住させる集落の再編成を行い、その住宅は先に述べたように水害時の避難をかねた3階立ての防災建築である（写真4.7）。

伊勢湾台風後の入植農家は、耕種主体、畜産主体、兼業主体の3種類に分類できた。しかし、鍋田干拓地は名古屋近郊地にある上に、干拓地北部を名四国道が、さらに近年は伊勢湾岸自動車道が、干拓地を東西走し、湾岸弥富I・Cが開設され、景観は一変した。

その上、西隣する木曾川河口部はナガシマスパーランドは、はじめ東海地方最大のレジャー施設が設立され、平成16年には年間約494万人の観光客の訪れるレジャーランドが大きく影響した。

その結果、入植農家の営農意欲の減退や借入金返済のため、農地を売却して離農する農家の増加により、現在は兼業主体型と離農型をあわせて、全世帯数の半数を超えている。

この社会情勢の変化をうけ、東部（第2工区）の3分の1の216haを公共用地の愛知県競馬組合トレーニングセンター、鳥類保護区の野鳥園、浄水場、NHK鍋田放送局などに転用した。

しかし、当時としては理想的な農業集落とその水屋的機能を具備した農村建築や、それらを高潮から防御するための囲堤―控堤、第2線堤―も、伊勢湾台風から50年を経た現在（2009年）、当初の機能は次第に失われて、囲堤無用論が多く、取壊して道路を拡張したい。また3階建の建築も老朽化して廃屋となったものもみられる。

参考文献

建設省河川局『伊勢湾台風災害誌』全国防災協会　昭和37年
いずみの会編『伊勢湾台風―その後の二十年―』昭和54年
奥田助七郎『名古屋築港誌』名古屋港管理組合　昭和28年
行政管理庁『伊勢湾台風災害実態調査報告書』昭和35年
山野明男『日本の干拓地』農林統計協会　平成18年
科学技術庁資源調査会「伊勢湾台風による低湿地干拓地域の災害について」
　　科学技術庁資源調査会報告第17号　昭和35年
弥富町『弥富町誌』平成6年
山野明男「わが国の干拓地における土地利用の新展開」愛知学院大学教養部
　　紀要55-1　平成19年

第5章　復興への歩み

　伊勢湾台風は、わが国の台風史上において未曾有のものであった。その被害について表5.1にみられる、三大台風の室戸、枕崎台風と比較してみれば明白である。

表5.1　既往三大台風比較
出典：『伊勢湾台風災害誌』昭和36年、名古屋市

	室戸台風	枕崎台風	伊勢湾台風
年月日	昭和9年9月13〜22日	昭和20年9月17〜18日	昭和34年9月26〜27日
中心の進路	屋久島→室戸岬→大阪→兵庫→佐渡→酒田→東北横断	鹿児島湾→九州横断→瀬戸内海→能登→奥羽→三陸沖	紀伊半島→伊勢湾→富山→奥羽→北海道
被害地	日本全土、特に大阪付近	西日本、特に鹿児島・愛媛・山口・広島	九州方面を除く日本全土、特に名古屋付近
最低気圧	912mb	917mb	929.5mb
瞬間最大風速	60m/s以上（大阪48.4m/s）	62.7m/s	60m/s以上（名古屋45.7m/s）
死者	2,702	2,076	4,764
行方不明	334	1,046	213
負傷者	15,361	2,259	38,838
家屋全壊	14,070	59,934	35,125
家屋半壊	28,608	51,385	105,344
家屋流失	2,580	2,394	4,486
堤防決壊	11,594	2,714	5,978
道路損壊	17,702	3,447	11,856
橋梁流失	5,800	1,973	4,281

　それだけに復旧への道のりは、苦難そのものであった。この壊滅的な被害は伊勢湾台風なる名称に示されるように、高潮による海岸堤防の破堤によるものであった。統計的には海岸堤防の破堤箇所、39か所、その破堤延長6,469mにおよび、それにともなう臨海部の貯木場よりの流木による前例をみない惨事となった。

1 復旧対策と緊急工事

その復旧対策を当時の記録によると、9月29日に政府は「中部日本災害対策本部」を愛知県庁におき、各省庁の部局長クラスを本部員として派遣し、それに愛知、三重、岐阜の各県、名古屋市、名古屋港管理組合、日本国有鉄道、日本電信電話公社、中部電力の職員も参画した。

また「昭和34年台風15号により災害をうけた伊勢湾等に面する地域における高潮対策事業に関する特別措置法」(昭和34年法律172号)を制定し、高率の国庫補助を行おうとした。そして広範囲にわたる地域に従来にみられない甚大な被害に対応するため、災害対策本部に迅速、的確な復旧工事施工の必要上、次の小委員会を設置した。

「締切排水連絡小委員会」(10月5日)、「災害救助連絡小委員会」(10月7日)、「住宅対策連絡小委員会」(10月7日)、などにより専門的、技術的な面から検討された。さらに11月16日には「伊勢湾等高潮対策協議会」が発足し、より強力な復旧体制となった。

緊急を要する復旧工事のうち、海岸堤防の延長6,469mにおよぶ破堤地の修築がある。

この基本方針決定には次の被災条件をあげている。
①天端幅の小さい所ほど被災している。
②法線形が凹凸のカーブの所が弱点となり破堤している。
③高潮の洪水波の進行方向に直面している堤防が甚大な被害をうけている。
④堤防の天端を裏法が芝張りのため、越波が裏土をえぐり、表護岸が倒壊している。
⑤古い堤防で竹木の河畔林や海岸の防潮林のある所は破堤を免れている。
⑥樋門、樋管は大なり小なり被害をうけている。

これら被災現場での調査報告を受けて協議会では次の基本方針を決定した。
①計画の対象は伊勢湾台風の気象および海象条件として、天体潮位は台風

期朔望平均満潮位をとる。

②地盤が低平な地区の前面堤防天端高は、台風期の平均満潮位に15号台風の最大偏差および波高を加えた高さを基準とする。

③堤防は、計画対象の条件に対して破堤しない構造とし、計画を越える条件においても被害を最小限にとどめるよう考慮する。

④堤防の構造はできるだけ統一をはかるものとするが、既設堤防との取付けその他で画一的な構造をすることが難しいときは、その接続点が弱点とならないように留意する。

⑤堤防堤体の天端および裏のりは必ずコンクリートなどの被覆工を施し、越波を考えて築造しなければならないときは、のり面の保護およびのり尻の洗掘防止の強化に留意すること。

⑥堤防被覆工内には空隙を生じないよう、また波返しが構造上弱点にならないよう、設計上、施工上留意すること。

⑦施工後の沈下がとくに懸念されるような土質条件の場合は、あらかじめ十分な措置を考慮する。

しかし、これらの堤防の本格的な修築工事以前に、海岸堤防の破堤地の仮締切工事がある。海抜0mの輪中および干拓新田地帯のため、感潮の影響を受け、破堤口よりの海水の浸水の潮止が急務であった。そのため、湛水期間が30日から120日におよぶ地域が広大な面積におよんでいる。

破堤口の仮締切、排水は「締切排水連絡小委員会」により検討されて工事は農林省、建設省、愛知県、三重県が分担し、鍋田干拓地など一部の干拓地を除いて年内に締切排水を完了することを目標とした。

その早期排水の便宜的な方法として被災地を東西に走る旧東海道や国道1号線の盛土路を利用して、湛水地帯を南北に分断する方法がとられた。

締切作業は多くの労力を必要とする人海戦術のため人員の確保、作業用の資材、輸送用の車両、船舶、電力などを要した。締切箇所が50余箇所だけにその配分などは問題が多いため、工事の資材、人数の配分は小委員会を通して行われた。また資材については工事発注者が一括購入して施工者に支給

写真 5.1　回航された土砂運搬船とサンドポンプ船、10 月 5 日名古屋市港区宝神町
　　　　出典：『伊勢湾台風の全容』昭和 34 年、中部日本新聞社

写真 5.2　仮締切の自衛隊の活躍、10 月 9 日名古屋市港区宝神町
　　　　出典：『伊勢湾台風の全容』昭和 34 年、中部日本新聞社

写真 5.3　応急組立式の架橋と自衛隊、10月7日、桑名―長島間
出典：『伊勢湾台風の全容』昭和34年、中部日本新聞社

する方法がとられた。

　破堤口の仮締切工事には海原と化した水域のため大量の土砂を必要としたため、ポンプ浚渫船の利用が不可欠であったことから全国各地の浚渫船の回航を依頼したが、16号台風の発生などにより遅れ、32隻のサンドポンプ船が現地に到着したのは10月中旬であった（写真5.1、写真5.2）。

　応急復旧にあたっては、まず復旧資料の運搬、支援物資の輸送上の支障は桑名市と長島町の木曽三川河口部の破堤にあった。そのため、この地帯を最優先の締切となり、10月4日には、長良川左岸の桑名市伊勢大橋付近の締切に着手する一方、長島、桑名間に自衛隊施設大隊の応急組立式の架橋、10月3日には海上自衛隊による四日市、名古屋間の海上運送、10月13日には桑名、名古屋間のリバティー型船舶による定期運行も始められた。これを人々は江戸期東海道七里の渡しの復活とマスコミは報じた（写真5.3）。

　陸上運送では、蟹江、弥富間は約2mの水没により国道1号線は不通のため、約1万本のドラム缶に砂を詰め、道路の両側に立て、その間に砂礫を埋めて道路を嵩上げするドラム缶工法により、東西交通が応急復旧した

写真 5.4　ドラム缶工法による国道一号線復旧工事、10 月 15 日、蟹江―弥富間
出典：『伊勢湾台風の全容』昭和 34 年、中部日本新聞社

（11 月 4 日）（写真 5.4）。
　この東西連絡工事とともに海岸堤防の仮締切も苦難の連続であった。遅れて現場に運行されたサンドポンプ船の動力を確保するため、電力供給施設の復旧に加え 11,000kW の供給が必要であり、中部電力の昼夜兼行の工事により浚渫が開始された。
　また締切の基盤固めに必要な粗朶沈床のソダ、それにともなるカマスや割石も不足し全国に依頼して文字通り、かき集めた。
　このように仮締切による潮止工事は、官民一体の難工事により最南端の長島町（長島海岸）11 月 8 日、海部郡の 11 月 21 日を最期に完了した。ただし悲劇の鍋田干拓地の仮締切は翌年の 4 月 19 日であった。
　仮締切による潮止工事が終わり、排水工事の目安がつくと直ちに、堤防の本復旧工事に着手した。高潮対策協議会による基本方針は、建設省直轄海岸では、堤防計画高を T.P ＋ 7.50 ｍとした。また名古屋港高潮防波堤の内側

写真 5.5　波返しの三面張工法による現在の堤防
平成 20 年 9 月伊藤安男撮影

では、偏差と波高の減殺を考慮して T.P ＋ 6.30 m〜＋ 6.20 m と決定した。また天端幅は 6.0 m 程度とし、天端、裏のりとも厚さ 25cm のコンクリート被覆を行うとした。一般に称される三面張を原則とした。

また波返しの部分は表のりと一体とした鉄筋コンクリートで築造する。堤体土砂は締固め、表護岸基礎には矢板工を打ち、中詰土砂の流失と沈下を防ぐなどの工法をとった（写真 5.5）。

これらの高潮防波堤の工事は昭和 37 年 1 月 19 日に基礎工事に着手し、同 39 年 9 月 7 日に完工した。

2　今後の課題

これらの工事から平成 21（2009）年は 50 年の節目にあたる。その後の変容について、岩垣雄一氏は雑誌「自然災害科学」（18-3、1999 年）に「伊勢湾台風から 40 年」の特集号に"伊勢湾における防災対策は万全か"として次のように述べている。それを一部引用してみよう。

(1)"伊勢湾台風における高潮対策は万全か"伊勢湾台風のような巨大台風

が再び名古屋に来襲するか。

　…また再び伊勢湾台風のような巨大台風が名古屋にやってくるだろうか。来るとすれば、何時やってくるのか。

　この40年間に、伊勢湾台風に次いで大きい潮位偏差が現れた台風は、昭和36（1961）年9月16日の第2室戸台風で偏差197cm、次いで平成2（1990）年9月20日の19号台風の偏差196cm、また昭和47（1972）年9月16日の第2伊勢湾台風と呼ばれる20号台風の偏差196cm、次いで平成6（1994）年9月29日の26号台風の偏差190cmというように、2m級の高潮が相次いで起こっている。私どもの統計的研究では、伊勢湾台風による345cmという偏差は、ほぼ600年に1回起こるという結果が得られている。また使用する理論式によっては、1,000年とか2,000年位の大きな値になるが、そんなに天文学的な数値ではない。しかし何時かは再び大きな台風がやってくることは間違いない。したがって万全の備えが必要になるのは、当然のことである……。

(2) 堤防高を決めるのに、計画潮位は既往最大主義で決めてよいか。

　40年前、「伊勢湾等高潮対策協議会」は、堤防の計画の基本方針として、「堤防天端高は、台風期の平均満潮位に15号台風時の最大潮位偏差および波高を加えた高さを基準とする。」としている。計画に際して、既往の最大値を用いる方法を「既往最大主義」というが、他に「モデル台風主義」、「生起確率主義」、「経済効果主義」、「可能最大主義」などがある。堤防高を決めるとき、伊勢湾台風の既往値である345cm（実際は355cm）をそのまま用いているので、この協議会での決定は、「既往最大主義」によったことになる。

　詳細は省略するが、現在は、重要な湾に対しては、「モデル台風主義」が採用されている。すなわち、伊勢湾台風というモデル台風が、その湾に対し、最悪のコースを通った時の高潮潮位偏差を、計画の偏差として採用するという方法である。このモデル台風主義は、現在、東京湾、大阪湾などに適用され、計画潮位が決定されている。しかし伊勢湾の場合は、計画偏差として3.55mを採用しているので、モデル台風主義ではなくて既往最大主義を適用した

ことになる。したがって、伊勢湾台風高潮以上の高潮が起こると、当然危険となり、安全性が保証されないことになる。

(3) 40年の経年変化が防災効果に及ぼす影響

災害後40年を経過した時点で、地形環境、社会環境の変化から、災害直後の復興計画が、現在に適応しているか、編著者は次の4点について危惧している。

それは、a）地盤沈下、b）防災施設の老朽化、c）海面埋立、d）耐震性の4点をあげている。

しかし、防災のハードからソフトへの転換が、河川法の改正以降に、流域環境とともに自助、共助、公助が提唱されている現在、地域の景観変化にともなう地域住民の防災意識（水防意識）の低下が大きな問題であることを忘れてはならない。とくに木曽川河口部の長島輪中（桑名市長島町）を中心をするビッグプロジェクト、また東西交通の結節点としての急激な地域変容による住民意識の問題については次章で詳論したい。

a）地盤沈下

濃尾平野の西南部地域は、昭和36（1961）年から平成2（1990）年までの30年間に、累積沈下量が140cmに達した所がある。地盤沈下は相対的に海面上昇となる。この現象は防潮堤（海岸堤防）の堤高の低下となり、当初の海岸堤防の堤高の効用は防災上に問題化する。

b）老朽化

防災施設の老朽化は物資の耐用年数によるもののみではない。それは海岸地形、河川環境の変化によることもある。例えば上流部のダム建設による土砂供給量の減少による河口部の堆砂変化により、新しい侵食作用が起こる。いうならばデルタ堆積速度の遅延である。その結果、海岸侵食の進行により砂浜がやせてくる。波浪変化による越波量の増大することによって、破堤の危険性が増大する。

c）新規埋立地の増加

　伊勢湾台風当時の地形図と現行地形図と比較すると、伊勢湾沿岸に大規模な埋立造成地がみられる。その代表的なものが飛島コンテナヤードである。ここの既成の名港金城コンテナヤードと木曽岬輪中との間の飛島村新田沖に造成された名古屋港最大の（図4.4）コンテナヤード、名港火力発電所、ポートアイランドなどが建設され、その東西と結節する名古屋湾岸自動車道が建設され、伊勢湾口の景観は一変した。このような著しい海岸地形の変化は局所的に高潮や波浪に影響を与える可能性があり、防災効果上において問題がある。

d）耐震

　被災地帯および新埋立地はともに新しい完新世の堆積平野や人工地形の造成地であり、ともに地耐力のきわめて軟弱な地域である。地震時には液状化により大きな被害をうけることは必定であり、阪神・淡路大震災で実証されており、これら構造物については高潮対策とともに、耐震化対策が急務である。

参考文献

喜岡渉編「伊勢湾台風から40年」自然災害科学18-3、1999年
「記録を塗り替えた高潮災害で壊滅的な被害を受けた海岸、河川堤防」
　　KISSO. VOL28、1998年
中央防災会議『1959　伊勢湾台風報告書』2008年

第6章　防災と水防意識

　平成9（1997）年の河川法改正についてその審議委員会委員であった、高橋裕（東京大学名誉教授）はその趣旨について「……従来の堤防やダムによる治水などの効果には限界があるとの前提にたち、今後の治水は従来の河川改修に加えて、全流域における対策、いうならば総合治水から流域治水への改正である。……」

　さらに高橋裕は次のことにふれている。河川の整備計画に流域住民を参画させる。河畔林などは堤防と一体となって、河川環境を整備する。また、浸水可能性ある地域における水害軽減対策の推進、具体的には輪中堤や宅地の嵩上げなど水害に強い地域づくりが重要である。

　そして最後に住民の水防意識の昂揚なくして水害を根絶させることはできない、としている。

　審議委員の高橋裕氏が最後に言及しているのは、"水防なくして治水なし"と論じている。これは河川法改正の重要点である。

　古来、木曽三川河口部の被災地であった長島、木曽岬などの各輪中は水防意識のきわめて高い共同体であった。この水防意識は輪中地域全域においてみられる精神構造であった。とくに長島輪中の水防体制については、第3章で述べた。

　輪中地域がとくに江戸期の水防体制の先進地帯であったことは、明治41（1908）年に初めて水害予防組合法（水防法）が制定されたとき、その基礎となったのが、大垣藩の水防定書であった。

　その運命共同体的水防体制、そして意識は、第2次大戦後の土地改良工事により大きく変容した。いうならば農業的土地利用の変化は、都市的土地利用への転換を容易にして、都市化を促進させた。これが河川改修工事とともに水防意識を低下させた。

1　被災者よりみた防災教訓

　被災者の伊藤重信氏は長島町（現桑名市）殿名の住民であり、名古屋の公立高校の地理教師であった。氏はその著書『輪中と高潮―伊勢湾台風の記録―』のなかで「災害の防災についての私見」として次の教訓を記している。

　①「旧輪中堤を、第2次大戦後に道路拡張、土地改良のため取り壊したり、削り下げたことは、長島町最大失政である。

　旧輪中堤を残していれば災害状況も変わっていたであろう。高潮波も旧輪中堤でさえぎられて大きく減速し、そのエネルギーも減じた筈である。」

　旧輪中堤は二線堤（控堤）として二段構えの水防上きわめて有効である。この有効性を実証したのが、平成19年創設の「洪水氾濫域減災対策制度」である。

　この制度について国土交通省は次のように通達している。
「集中豪雨の頻発等をふまえ、災害に対する安全度を確実かつ早期に向上させるため、連続堤防等によるこれまでの整備手法にとらわれることなく、土地利用状況など地域の実情、意向をふまえつつ、流域一体となった対策を展開する」として、具体的な施策をあげている。

　その一例として、"洪水氾濫拡大防止施設―二線堤等―の整備"をあげ、市町村による土地利用状況を考慮した洪水氾濫拡大防止施設―二線堤等―の整備について助成する制度を創設すると明記して、控堤としての二線堤の重要性を評価している。

　②「昔からの輪中の特異景観であった水屋建築（洪水時の避難場所、米蔵などをかねた屋敷内に高く土盛石積された独立家屋）を取り壊し、新しい住宅にはその建物はみられなくなった。」また「新たに住宅を新築、改築するときは2階建とすべきである。高潮来襲時に家から避難せんとして、ほとんどの者が流されて死亡した」

　水屋と同じ機能をもつ建築は利根川中流部の水塚（みつか）、淀川中流部の段蔵（だんぐら）が知られているが、木曽三川の輪中地域のように多く分布するものは他に例をみ

写真 6.1　現在もみられる長島輪中の水屋建築（伊藤重信撮影）

表 6.1　長島輪中の水屋分布（昭和 51 年伊藤重信調査）

集落名	住居兼用水屋	米倉式水屋	計	取り壊した数
殿　名	6	1	7	3
北　島	8	0	8	2
平　方	2	1	3	5
中筋北	1	1	2	0
中　町	0	商品庫1	1	0
間　々	13	0	13	2
高　座	1	1	2	約20
中　川	1	2	3	6
西　川	9	1	10	6
計	41	8	49	約44

ない。

　ただし水屋建築をもつものはごく限られた地主階級のみであった。

　災害時に多くの被災者が水屋をもつ家などに避難して難をまぬがれたことが報告されている。

　伊勢湾台風時以降の昭和 51 年 9 月に岐阜県安八町にて長良川本流が破堤し、大きな水害となった。その水害時に水屋の有効性が実証された。

　その後の翌昭和 52 年 7 月に筆者は、水屋をもたない家々 1,449 世帯を対象に「今後家屋を新築あるいは改築される際に水屋のような水害時にも安全

な建物をつくりたいと思いますか」とアンケート調査した結果、45.7％の家々が「思う」と回答している。

　また岐阜県瑞穂市の420戸の牛牧団地は全戸が床上浸水したが、それらのうち2階をもたない162戸のうち47戸が水害後に、2階建に増改築している。

　伊勢湾台風の被災地においても、流失家屋の復興に水屋建築と同じ機能をもつ3階建住居を建築している。このことについては第3章および第4章で述べている。ただし岐阜県養老町の多芸輪中ではアパート形式を、鍋田干拓地は独立家屋として、ともに3階を避難場所をかねた居室としている。これらの建築様式は一種の防災建築と称すべきものである。

　③「今回の水害で、堤腹に藪のある所の堤防は残存している事実から見て、堤防沿いにある藪は切るべきでない。」

　この被害者の教訓は輪中民の間によく伝承されたことで、屋敷林のうち堤防側には竹藪とすることが輪中地域では一般的であった。それが改修工事の引堤などで多くは伐採された。その点について被災者は言及している。

　伊勢湾台風後に科学技術庁はその調査を行っている。その結果、海岸堤防が破壊されても海岸林の背後にある集落は被害をまぬがれている事実を報告している。これらは単なる防風林ではなく、防潮林、防水林としての機能を具備しているのである。すなわち、津波、高潮の破壊力の軽減機能をもっていることを示している。

　そのため平成9年（1997）の河川法改正の第3条、第9条において河畔林などを河川管理施設とし、その積極的役割を河川事業のなかに位置づけている。河畔林などが堤防と一体になって河川環境を整備すべきとしている。

　この伊藤重信氏の50年前の災害教訓は近年になって、きわめて重要であることが行政サイドより通達されている。それが平成9年の河川法の改正、平成13年（2001）年の水防災対策特定河川事業であり、平成19年の洪水氾濫域減災対策制度である。また内閣府中央防災会議では、災害教訓の継承に関する専門調査会を創設して、各地の被災地における伝統的な防災に関する生活の知恵の調査を始めた。これら一連の動向はハードからソフトへの発

想の転換である。

2　法の整備と水防意識

　昭和の三大台風といわれた昭和5（1930）年の室戸台風（最低気圧911.8hPa、死者、行方不明者3,036名）、昭和20（1945）年の枕崎台風（916.6hPa、同3,756名）とともに伊勢湾台風の5,098名という死者、行方不明者を出した。

　この昭和台風史上に最大の犠牲者を出した要因について、台風の規模、高潮の潮位とともに、そのうける被災地域が、他の室戸、枕崎台風と比較して、わが国でも最大の274km^{2}におよぶ海抜0m地帯であり、高潮、洪水、内水氾濫などの水害に対して、最も脆弱な土地条件であったことは否めない。

　この未曾有の水害に対して、政府は、昭和36（1961）年に「災害対策基本法」を制定する。従来は災害には各所管官庁ごとに個別的に制定されていた。例えば災害救助法（1947年）や、都市大火への対応や火災予防のための消防法（1948年）などがそれであった。伊勢湾台風を機に体系的な防災体制の構築が必要とされた。

　それ以前の十勝沖地震（1952年）、狩野川台風（1958年）などの災害対策への批判などもあり、その上、都市化の進行とともに住民と河川の結びつきの希薄化、農村人口の減少による水防組織の変化など自治防災体制の弱体化が相乗して関係機関に危機化をいだくにいたった。

　「災害対策基本法」の特色を一語で表現すれば、防災を明確に明文化していることである。その第1条の目的で「この法律は、国土並びに国民の生命、身体及び財産を災害から保護するため、防災に関し、国、地方公共団体並びにその他の公共機関を通じて必要な体制を確立し……」とある。第2条の定義では「防災、災害を未然に防止し、災害の発生した場合における被害の拡大を防ぎ、及び災害の復旧を図ることをいう」と初めて防災の概念を明確にしている。

　この基本法は従来の災害に対する特別立法、例えば「公共土木施設の災害

写真 6.2　伊勢湾台風殉難之塔　弥富市西末広
伊藤安男 2007 年 10 月撮影

復旧事業に関する特例」「水防資料に関する特例」「高潮対策事業に関する特例」「住宅関係の特例」などさまざまな「特例」などを総括するものであり、内閣府の下に中央防災会議を設けて災害対応するものであり、百十七条からなる上に、キメ細かい施行細則を定めている。

　さまざまな立法による防災体制とともに、最も多くの犠牲者 383 人（当時の人口 8,708 人）を出した長島町（現桑名市）では、災害時の情報不足、伝達の不備を補うため、昭和 53（1978）年に庁内 34 箇所に防災行政無線、パンザマストを設置するとともに、昭和 55 年に水害時の浸水水位を示す水位標を 22 箇所に設置、平成 4（1992）年には全戸に屋内防災無線受信機を備え、災害状況、避難命令などの情報伝達の充実を図った。また災害用飲料水の貯水槽として庁舎前に $60m^3$ のタンク 1 基を、南部と北部地区の配水場に $2,000m^3$ タンク 2 基を設置して災害時に備えた。

　これらの IT 時代に適応した情報化とともに、各地に殉難者の慰霊碑が建立された。（写真 6.2、写真 6.3）この慰霊碑は伊勢湾台風の悲惨さを後世に伝承するとともに、被災住民の水防意識（防災意識）を高め持続させるためにも大きな意味をもつ。いうならばハードからソフトへの転換が肝要である。

　さきにも述べたように河川法改正の審議委員であった高橋裕氏は「……住民の水害意識に昂揚なくして水害を根絶させることはできない」と論じてい

写真 6.3　殉難慰霊地蔵尊　桑名市長島町松陰
伊藤安男 2007 年 10 月撮影

る。
　水防とは水害予防の略語であることを忘れてはいけない。その予防にはさまざまな方法があるが、なかでも重要なものは水防工法である。破堤寸前の堤防を修復するには、現在もこの方法のみである。その工法は江戸時代と変わらない。ただ叺（わら製のむしろ袋）が麻袋に、筵がビニールシートになった程度である。しかもその工法は伝統的な技術を要する上に、人海戦術的な方法で緊急的に施工するものである。それが都市化による水防団員の減少により、その組織が弱体化しつつある。
　そのため、従来の水防団に変わり消防団が分担するか、あるいは自主防災組織の自治水防団に編成がえするなど、防災面での問題をかかえている。
　この点について、前長島町長であった平野久克氏は「……伊勢湾台風から 50 年が経過して人口も当時の倍近くなり、伊勢湾台風の体験のない住民が多くなっているなか、このような大災害を忘れず防災意識を高めていくために、あらためてこの低地帯に住む我々としては一たん緊急の場合にどうあるべきだということをこれからも伝えていきたいと思います」とその苦衷を述べている。
　この前町長の言の内実には急激な景観変容がある。かつて輪中の低湿地農業の高畦耕作の零細農業地帯が、昭和 34（1959）年の温泉掘削の成功により、

写真 6.4　慰霊地蔵尊（写真 6.3）からみた長島レジャーランド
桑名市長島町松陰、伊藤安男 2008 年 11 月撮影

　昭和 39 年にグランスパナガシマ（長島温泉）が開発された。それにともなう関連する観光開発として、ナガシマスパーランド、同スポーツランドなど多くの観光施設が立地して、平成 16（2004）年には年間客数約 494 万人を数え、アクセスも名四国道、東名阪国道、伊勢湾岸自動車などが開通し、それぞれ I・C によって東西交通と結節して、変遷し、まさに滄桑之変そのものの感である（写真 6.4）。
　それにともない人口も急増し、昭和 35 年の人口 8,555 人が平成 12 年に 15,668 人（センサスによる）となり、その増加人口は土地履歴を知らない温泉付分譲住宅などに入居した流入人口である。したがって、第 1 次産業人口も昭和 35 年の 1,094 人が平成 12 年に 655 人と急減している。また観光開発にともない第 3 次産業人口のサービス業人口は倍加して平成 12 年には 2,330 人となり、同年の長島町総人口 8,334 人の約 36％を占めるにいたっている。
　この変容をどうとらえるか、単なる低湿地概念の喪失と他地域よりの流入人口の増加のみではとらえられない。悲惨な水害から 50 年の歳月の流れは、水防意識の低下となるのは当然であろう。
　それを傍証するのが鍋田干拓地の変容である。入植者の全住居が流出した

写真 6.5　廃屋となった鍋田干拓地の水屋式住居
弥富市鍋田、伊藤安男 2008 年 10 月撮影

あと、その復旧として、その一区画に集団移転させ、囲堤の二線堤で防御された 3 階建水屋式住居の多くは廃屋あるいは取り壊され（写真 6.5）、囲堤も撤去して道路を拡幅してほしいという声を聞く。

　自助、共助、公助の災害理念を行政は強くガイダンスすべきである。伊勢湾台風 50 周年の機に徹底すべきであろう。

参考文献
高橋　裕「戦後 60 年と河川事業小史」河川レビュー、2005 年春季号
伊藤重信『輪中と高潮―伊勢湾台風の記録―』三重県郷土資料刊行会
　　1982 年
伊藤重信『長島町史（下）』長島町　1978 年
科学技術庁資源調査会「防潮林の効果について」1960 年
伊藤安男『治水思想の風土』古今書院　1994 年
中央防災会議『1959　伊勢湾台風報告書』2008 年

伊勢湾台風に関する記録、報告、出版物等

(1) 記録

映画
「海壁」(1巻) 愛知工事事務所
「日光川河口締切工事」(2巻) 愛知工事事務所
「海抜ゼロメートル地帯」(1巻) 木曾川下流工事事務所
「三重県県政ニュース」(1巻) 木曾川下流工事事務所

資料
「伊勢湾台風の記録・第1集」(35年6月) 木曾川下流工事事務所
「伊勢湾台風の記録・第2集」(36年8月) 木曾川下流工事事務所
「伊勢湾台風復旧工事誌・上巻」(38年4月) 中部地方建設局
「伊勢湾台風復旧工事誌・下巻」(38年4月) 中部地方建設局
「伊勢湾台風災害復旧のあゆみ」(37年9月) 木曾川下流工事事務所
「伊勢湾台風高潮対策事業工事誌回想録」(37年11月) 愛知工事事務所
「木曽三川下流改修と共に歩いた人達」(55年3月) 木曾川下流工事事務所
「伊勢湾台風25周年」(59年12月) 木曾川下流工事事務所

(2) 報告

「建設省中部地方建設局、第9回工事報告会論文集」35年11月
内容
1. 海岸堤防表のり張り工の補強鉄筋について　栗林宗人
2. 最近の河川計画から2題　宮井博

3. 伊勢湾台風による直轄海岸関係被害と復旧の概要　桑原治太郎
4. 伊勢湾台風時の湾内北部周辺の波の推算について、逐次計算法による計算例　北村立太郎
5. 伊勢湾台風に依る道路の災害復旧工事について　布村英治

「建設省中部地方建設局、第10回工事報告会論文集」36年11月
1. 弾性基礎上の梁の近似解法について　栗林宗人
2. 日光川河口水閘門の通水から締切堤の潮止めまで　村上己代治
3. 日光川締切堤防（一次盛土）に於ける地盤圧密沈下について　谷本亘
4. 伊勢湾直轄海岸堤防工事区域周辺の地盤沈下について　北村律太郎
5. 主として海岸堤防におけるバイブロフロテーション工事について　青木明

「建設省中部地方建設局、第11回工事報告論文集―1」37年10月
内容
1. 鋼矢板工に関する二、三の問題　青木清
2. 鍋田川河口締切水門工事報告　青木清
3. 鍋田川下流堤防締切水門扉および基礎鋼管杭、鋼矢板電気防蝕工について　高島正明
4. 日光川河口水閘門の概要とその操作及び門扉の現場施工について　深田純一
5. 鍋田川下流締切堤防工事の設計概要と施工について　青木明、林喜代夫
6. 日光川河口水閘門の施工における型枠と足場工について　林満夫
7. 日光川河口水閘門工事のコンクリートの品質管理について　村上己代治

「鍋田川高潮全体計画検討資料（その1）」　中部地方建設局　34年10月6日
「昭和34年9月26日の伊勢湾台風による木曽川水系の被害と復旧状況」
　　中部地方建設局　34年10月6日
「伊勢湾台風における潮止め工法の研究」（第14回直轄技術研究会資料）
　　渡辺豊　35年11月
「伊勢湾台風の潮止め工事について」　建設省研修所　渡辺豊　35年度
「伊勢湾台風犠牲者治水神社別宮合祀名簿、木曽、揖斐、長良、三大川沿岸
　　市町村」　35年10月27日

「伊勢湾台風による被害とそれに対して中部地建内各組織のとった対策調査等」　中部地方建設局企画室　34年10月31日

「国道1号線蟹江、弥富間道路嵩上工事報告書」　名古屋国道工事事務所

「水害対策運営計画書」　木曾川下流工事事務所　35年度

「日光川河口水閘門の床板に埋没した温度計の継目計・鉄筋計の観測成果と床板の設計施工の2・3の問題について」　第16回直轄技術委員会研究会自由課題　神田精夫、村上己代治　37年10月

「伊勢湾台風による直轄海岸関係被害と復旧の概要」（第1集）　中部地方建設局海岸部　35年3月

「鍋田川高潮全体計画検討資料」（その1）　中部地方建設局　35年5月

「海岸　波返し表法張りの一計算法」　中部地方建設局　35年10月

「伊勢湾高潮対策事業（建設省直轄施工海岸）について」　吉川吉三　35年8月

「伊勢湾高潮対策事業における海岸堤防断面について」　神田精夫

「伊勢湾台風に依る矢作川出水の一考察」　中部地建岡崎事務所　35年1月

「直轄高潮対策事業に於ける堤防沈下対策工法の検討」　中部地方建設局　36年3月

「中部地方建設局局報」　第53号（特集）　第56号　第58号

「伊勢湾台風のあらまし」　木曾川下流工事事務所　34年10月

「伊勢湾台風」　木曾川下流工事事務所　35年1月

「伊勢湾台風の復旧は台風時までに間に合うか」　中部地方建設局　35年2月

「伊勢湾台風とその復旧状況」　中部地方建設局　35年2月

「工事のあらまし」　愛知工事事務所　35年7月

「伊勢湾台風災害復旧の現況」　木曾川下流工事事務所　34月10日

「伊勢湾台風高潮対策事業直轄海岸計画概要」　中部地方建設局海岸部　35年8月

「伊勢湾台風高潮対策事業直轄河川計画概要」　中部地方建設局河川部　35年11月

「日光川河口工事の概要」　愛知工事事務所　35年12月

「高潮堤」　中部地方建設局　37年10月

「伊勢湾台風の災害十周年を迎えて」 木曾川下流工事事務所 44年9月
「あの伊勢湾台風から25年を迎えて」 〃 59年9月
「伊勢湾台風災害についての考察（総合実態調査の中間報告）」 臨時台風科学対策委員会 34年12月
「伊勢湾台風災害復旧に使用されたPSコンクリート矢板について」 豊田コンクリートKK 35年9月
「法面アスファルトライニング工法」 日本舗装KK 34年10月
「サンドポンプ船による潮止め工事とその施工に関する研究」 木曾川下流工事事務所 35年3月
「伊勢湾台風による高潮・洪水と地形の関係」 建設省地理調査所 35年3月
「水害地形分類図」 科学技術庁資源局編集・（社）資源協会発行 34年10月
「洪水と地形」 中野尊正・大矢雅彦
「洪水被害状況図」 建設省地理調査所 35年3月
「地盤高図その1、その2」 〃 35年3月
「洪水型図」 〃 35年3月
「高潮対策事業における堤防沈下工法の検討」 中部地方建設局 36年3月
「日光川河口締切工事検討会議事録」 中部地方建設局 36年2月

(3) 出版物

○名古屋市
「名古屋市、災害対策本部連絡広報部伊勢湾台風資料」 34年
○気象庁
「伊勢湾台風調査報告、気象庁技術報告第7号」 36年
○朝日新聞社、国土総合開発調査会
「伊勢湾台風調査報告」 35年
○名古屋基督教青年会、災害対策救援本部
「伊勢湾台風とYMCA救援活動報告」 35年
○名古屋市教育館

「伊勢湾台風と教育」 35年
「教育館月報　第8巻第6号」
○名古屋市立呼続小学校
「伊勢湾台風と子どもたち」 34年
○半田市役所
「伊勢湾台風と半田市──その被害と応急処置──」 35年
○名古屋市立白水小学校、伊勢湾台風誌編集委員会
「伊勢湾台風誌」 35年
○日本建築学会、伊勢湾台風災害調査特別委員会
「伊勢湾台風災害調査報告　日本建築学会」 36年
○科学技術庁
「伊勢湾台風における防潮林の効果について」（科学技術庁資源調査報告第17号、伊勢湾台風災害調査報告付属資料第3号）　35年
○中部電力
「伊勢湾台風の被害と今日の対策、災害対策特別研究会報告書要約」 34年
○名古屋鉄道管理局
「伊勢湾台風災害記録」 35年
○日本国有鉄道中部支社
「伊勢湾台風災害記録」 35年
○海部事務所
「海部地方伊勢湾台風誌」 35年
○南保健所
「どろ水と戦った10日間、伊勢湾台風の記録」 35年
○被災学生を守る会（名古屋）
「伊勢湾台風、被災学生を救援のために」 35年
○名古屋市建築局
「伊勢湾台風、住宅の被害とその対策」 35年
○名古屋市立学校災害対策本部
「伊勢湾台風、子供と教師の記録」 35年

○名古屋市教育館
「伊勢湾台風学習資料、社会科理科学習素材」 35年
○愛知県立津島高校
「伊勢湾台風、風水害 津島」 35年
○名古屋市会事務局
「伊勢湾台風、回顧―市会の活動を中心に」「資料月報第4巻8号」 35年
○伊勢湾台風基督教救護本部（名古屋）
「伊勢湾台風基督教救護本部活動報告」 35年
○年輪稽古会（名古屋）
「伊勢湾台風句集」
○寺沢鎮　報道春秋社
「伊勢湾台風物語」 35年
○科学技術庁資源調査会
「伊勢湾台風と臨海都市、名古屋市部災害の対策と問題点」（第17号） 35年3月23日
○名古屋市建築局
「伊勢湾台風による名古屋市の市街地および建築物被害調査と防災計画」 35年6月10日
○行政管理庁行政監察局
「伊勢湾等災害対策に関する総合監察結果報告書」 35年5月
○兼岩伝一
「伊勢湾高潮対策についての8問」 日本共産党愛知県委員会　35年8月
○愛知県
「伊勢湾台風による災害の概要並びに要望書」（第7報）　34年10月
○熊野市
「台風15号に依る被害」 34年9月26日
○渡辺豊、松井健三、鈴木昌二郎
「災害堤防の締切工法」 研究報告書　35年8月18日
○竹内鐘一

「伊勢湾台風高潮災日光川左岸藤高締切工事、災害堤防の締切工法」 研究会報告書　35年8月18日・19日

○安井庄次

「伊勢湾台風高潮災庄内川左岸宝神町締切工事、災害堤防の締切工法」 研究会報告書　35年8月18日・19日

○橋本茂

「伊勢湾台風高潮災山崎川堤防締切工事、災害堤防の締切工法」 研究会報告書　35年8月18日・19日

○西畑勇夫

「昭和34年8月9日高潮災、牧田川根古地堤防締切工事」 研究会報告書　35年8月18日・19日

○中部日本新聞社

「伊勢湾台風の全容」　34年11月30日

○中部日本新聞社

「あらしの中の子ら、伊勢湾台風被災児童の記録」

○三重県

「伊勢湾台風災害誌」　36年6月

○建設省

「伊勢湾台風災害誌」　37年3月

○山内一郎

「伊勢湾台風による災害の概況について」　土木学会誌第44巻12号　34年12月15日

○安芸咬一

「伊勢湾台風と復旧計画の問題点」　土木学会誌44巻12号　34年12月15日

○鶴田千里、合田良実

「伊勢湾台風による構造物の被害とその特性」　第7回海岸工学講演集　土木学会　35年10月31日

○小川泰恵、城野忠雄、青井富治、島本敏男

「伊勢湾台風により被災した海岸堤防の復旧に用いた二、三の工法について」
　　第七回海岸工学講演集　土木学会　35年10月31日
○宮崎正衛、宇野木早苗、上野武夫
「伊勢湾台風による高潮とその理論計算について」　第7回海岸工学講演集
　　土木学会　35年10月31日
○国司秀明、吉田幸三
「伊勢湾台風にともなった高潮の解析」　第7回海岸工学講演集　土木学会
　　35年10月31日
○名古屋陸運局
「伊勢湾台風陸運関係災害の概要と応急対策について」　35年1月
○愛知県
「伊勢湾台風による災害の概要」　34年12月
○愛知県
「伊勢湾台風による災害の概要（中間報告）」　34年11月
○全建設省労働組合伊勢湾台風災害調査団
「伊勢湾台風災害調査報告書」
○社団法人日本海難防止協会、第四管区海上保安本部警備救難部救難課
「伊勢湾台風による海難と防止対策」　35年8月1日
○三重県
「伊勢湾台風による災害の概要と対策」　34年11月10日
○全建中部地方建設局建設技術協会
「けんせつ」　No.2　35年3月1日　No.3　36年1月1日
○陸上幕僚監部
「伊勢湾台風災害派遣誌」　35年3月
○名古屋市
「伊勢湾台風による名古屋市の市街地および建築物被害調査と防災計画」
　　35年6月
○中部電力株式会社
「伊勢湾台風の被害と今後の対策」　災害対策特別研究会報告書要約　34年

12月

○財団法人災害科学研究所

「研究会報告書」　第一巻　35年11月10日

○渡辺豊

「伊勢湾台風の被害および復旧工事の概要」　土木学会誌第46巻第7号
　　36年7月

○全国海岸協会

「海岸」　第38号　第9回全国海岸協会総会特集号　36年7月

○全国海岸協会

「海岸」　第39号　第9回全国海岸協会総会号　37年6月1日

○全国海岸協会

「海岸」　第41号　37年12月15日

○社団法人日本アスファルト協会

「アスファルト」　第4巻　36年8月4日

○社団法人日本アスファルト協会

「アスファルト」　第5巻　第27号　37年8月4日

○黒田静夫、石綿知治

「防災工学、台風に対する海岸と港湾の防災」　山海堂　35年3月15日

○社団法人土質工学会

「土と基礎特集号」　35年6月

伊勢湾台風の特色

寺田一彦　風について

吉川秀夫　水について

宮部直己　地盤沈下との関係について

被害と対策

安芸咬一　被害と対策―その全般について―

福岡正己　海岸・海川堤防

山口勝美　干拓堤防

石井靖丸　港湾

福家竜男　港湾
佐藤肇　名古屋港の防波堤
宮崎清考　道路―カサ上工事用水盛土材について―
西亀達夫　国鉄の災害
中谷茂一　私鉄の災害―近畿日本鉄道名古屋線の被害および復旧について―
渡正亮　山地崩壊
神谷貞吉　送電―送電用の基礎の被害―
○名古屋市
「伊勢湾台風災害誌」　36年
○社団法人全国防災協会
「伊勢湾台風災害誌（建設省編）」　37年
○愛知県
「伊勢湾台風災害復興誌」　39年
○長島町
「伊勢湾台風十周年誌」　44年9月
○三重県
「伊勢湾台風災害復興計画書」　36年
○全国防災協会・全国海岸協会
「応急仮締切工事」　38年2月
○渡辺豊
「サンドポンプ船による潮止工法」　38年4月
○土木学会
「日光川河口締切工事について」　土木学会誌　第46巻9号　神田精夫・村上己代治　36年9月
○土木施工
「臨時増刊号」　58年11月
○社団法人日本河川協会
「河川」　35年4月
○プレストレスコンクリート

「PC矢板を使用した堤防護岸の根止めの工法について」 Vol.2 No.5 神田精夫 35年10月

○土木学会

「伊勢湾台風時の愛知県及び三重県の北部海岸における最大波浪の推定」 土木学会誌 第45巻5号 35年5月

○全国海岸協会

「海岸とわたくし」 海洋18号 神田精夫 53年

○全国海洋協会

「城南海洋高潮堤高潮対策事業（漏水防止対策）について」 海岸18号 三重県土木部河川課 53年

○土木施工

「日光川河口締切工事の施工 その1・その2」 土木施工 Vol.3 No.2 No.3 神田精夫・金井弥太郎

○道路

「伊勢湾台風の教えるもの」 道路 神田精夫 35年1月

○日本建設機械化協会

「建設の機械化 No.120」 座談会 35年2月

○建設春秋

「悲劇は2度と忘れまじ」 建設春秋 35年5月

○全日本写真連盟桑名支部

「桑名市の全貌」 35年5月

○建設春秋

「ドラム缶工法・蟹江・弥富間救急・嵩上工事の記録」 34年12月

○道路建設

「国道1号線・蟹江・弥富間道路嵩上工事報告」 36年8月～11月

○建設省河川局計画課

「伊勢湾水害経済調査報告書」 35年3月

○多田文男、大矢雅彦、科学技術庁資源調査会

「伊勢湾台風による低湿地干拓地域の災害について——その土地利用の現況

と問題点——」 科学技術庁資源調査会報告第17号、伊勢湾台風災害調査報告、付属資料Ⅱ　35年3月

○建設省地理調査所

「伊勢湾台風による高潮、洪水状況調査報告」

○全国海岸協会

「海岸　第35号　海岸保全事業の概要（8）」　愛知県　36年12月

○名古屋地方気象台

「伊勢湾台風気象概報」　気象協会名古屋支部　35年1月

○横田周平、建設省土木研究所

「日本セメント技術協会　—高潮とその対策—」　35年6月

○福岡正己

「海岸、河川堤防、伊勢湾台風の特色と災害」　土と基礎　特集号No.31　社団法人土質工学会　35年6月

○行政管理庁行政監察局

「伊勢湾台風災害実態調査結果報告書」　35年7月

○中部日本新聞社

「伊勢湾台風記録」　中部日本新聞縮刷版　上　自昭和34年9月26日、至昭和34年10月26日　下　自昭和34年10月26日、至昭和34年11月26日

○東海気象同好会

「伊勢湾特集　雲」　Vol.12　26年8月

○岸　力、細井正延、富永正照、三井　宏

「伊勢湾台風における被害と対策」　土木学会　第7回海岸工学講演会講演集　35年11月

○建設省中部地方建設局名古屋国道工事事務所

「国道一号線　蟹江～弥富間道路かさ上げ工事報告書」　35年

○中谷茂一、小林雅夫

「近鉄名古屋線の軌間変更工事について」　土木学会誌45巻4号

○前島建雄

「伊勢湾台風高潮災害応急仮締切工事、災害堤防の締切工法、研究会報告書」
　　35年8月
○榊原源重
「伊勢湾台風高潮災害海部海岸堤締切工事、災害堤防の締切工法、研究会報告書」　35年8月

昭和60（1985）年（60年以降の文献は各章で記している）
建設省木曾川下流工事事務所資料による

おわりに

　平成21（2009）年は、あの悲惨な伊勢湾台風より50周年にあたる。
　昭和34（1959）年9月26日、当時の伊藤は岐阜県海津郡海津町高須（現海津市海津町高須町）に在住する高校地理教師であった。
　大雨・暴風注意報が、警報になったのは14時、続いて洪水警報の発せられたのが18時30分、近くの揖斐川に洪水警報が出されたのが20時30分であった。この頃より風雨は強烈となり、2階のガラス窓に毛布を張りつけ、窓の吹きとぶのを必死に家内と防いだ。当時、家内は妊娠中であり、祈る思いで風雨の静まるのを待つのみであった。
　さまざまな情報がとびかった。揖斐川の堤防が切れる寸前である、一刻も早く避難した方がよいと。その混乱情報のとき、有線放送で"いま対岸の堤防が切れました。高須輪中は助かりました。安心して下さい"のスピーチに輪中根性とはを体得した。
　その後、学校は休校となり、生徒全員、そして町民総出で堤防修築の土のう積みに動員された。50年前の貴重な体験である。このような体験を再び繰りかえさないことを願うとともに、水防の重要性を人々に理解していただけることにこの小著が資すれば幸いである。
　最後に上梓にあたり古今書院編集部の関田伸雄氏のご配意によったことを深謝して、あとがきとした。

　　　2009年4月

　　　　　　　　　　　　　　　　　　　　　　　　　　　伊　藤　安　男

著者紹介

伊藤安男　いとうやすお

　1929年名古屋市熱田区に生まれる。1952年立命館大学文学部地理学科卒業。岐阜県立高等学校地理教師、岐阜経済大学講師をへて、1982年より花園大学文学部史学科教授となる。歴史地理学が専門。現在、同大学名誉教授、文学博士。
　主な著作（単行本のみ）『輪中』（学生社、1979年）『岐阜県地理あるき』（大衆書房、1986年）『安八町、9・12豪雨災害誌』（安八町、1989年）『長良川をあるく』（中央出版社、1991年）『東山道の景観と変貌』（古今書院、1991年）『ふるさとの宝物　輪中』（じゃこめてい出版、1992年）『蘭人工師エッセル日本回想録』（翻訳監修、三国町、1991年）『治水思想の風土』（古今書院、1994年）『変容する輪中』（古今書院、1996年）『地図で見る岐阜』（古今書院、1999年）『大垣市史　輪中編』（大垣市、2008年）
現住所　〒503-0026　大垣市室村町3-47-2

シリーズ繰り返す自然災害を知る・防ぐ　第8巻

書　名	台風と高潮災害 －伊勢湾台風－
コード	ISBN978-4-7722-4129-8　C3344
発行日	2009年5月10日初版第1刷発行
著　者	伊藤安男 Copyright © 2009　ITO Yasuo
発行者	株式会社古今書院　橋本寿資
印刷所	株式会社カシヨ
製本所	株式会社カシヨ
発行所	**古今書院** 〒101-0062　東京都千代田区神田駿河台2-10
電　話	03-3291-2757
ＦＡＸ	03-3233-0303
振　替	00100-8-35340
ホームページ	http://www.kokon.co.jp/

検印省略・Printed in Japan

古今書院の関連図書　ご案内

シリーズ日本の歴史災害　全6巻

このシリーズの特色は次の4点。1 当時の日記や記録を掘り起こし、2 実際の災害のようすを被災者の視線で紹介　3 災害の専門家による自然災害の解説　4 過去の大災害から貴重な教訓を引き出し学べること。各巻　A5判上製　定価3150円

第1巻 昭和二年 北丹後地震　　鎌田文雄著

副題に家屋の倒壊と火砕の連鎖と題した。京都府の北、天の橋立で有名な丹後地方に起こった凄惨極まりない地震被害の記録をいくつもの資料、当時の新聞記事や、子どもの作文で、被災の心理状況まで伝える震災の凄まじさ。

第2巻 十津川水害と北海道移住　　鎌田文雄・小林芳正著

明治22年8月奈良県吉野地方は記録的な豪雨に襲われた。山地斜面の崩壊、崩壊土砂による河川の閉塞、天然ダムの発生と決壊、土石流による人家の埋没。こうした災害の記録は郡役所が全11巻の吉野郡水災誌にまとめた。

第3巻 濃尾震災　　村松郁栄著

明治24年10月28日朝、北は仙台、南は鹿児島まで震動が感じられ、震源に近い岐阜県、愛知県は多くの死傷者、倒壊家屋、火災地変が生じた。一ヶ月後東京帝国大学総長から各県知事あてに24項目のアンケート調査が行われた。

第4巻 磐梯山爆発　　米地文夫著

著者の長年の磐梯山研究かつ、地元資料の活用により、その謎をとく。1 磐梯山明治21年噴火の意義と謎、2 新しい見方、3 磐梯山頂からの生還者鶴見良尊は何を見たのか、4 東麓長坂で何が起こったのか、噴火が社会に与えた影響。

第5巻 手記で読む関東大震災　　武村雅之著

下町の若いおかみさんの日記、被災地から少し離れた富士宮市で肉親の安否を気遣う住民の日記、当時東大助教授で震災予防調査会の今村明恒の調査記録の3つを収録する。あの関東大震災が実際に引き起こした事態とは一体何か。

第6巻 昭和二八年 有田川水害　　藤田崇・諏訪浩編

高野山の近く和歌山県花園では、役場のあった北寺背後の斜面が滑落し、集落は崩壊土砂で完全に埋没し、生存者がほぼ全滅。昭和28年の梅雨前線による豪雨が西日本各地にもたらしたのは、河川氾濫や地すべり、斜面崩壊、土石流災害であった。

古今書院の関連図書　ご案内

巨大都市と変貌する災害　メガシティは災害を産み出すルツボである

ジェイムス　K．ミッチェル編 ラトガース大学地理学教授

中林一樹監訳 首都大学東京・都市環境学部教授

菊判　上製　386＋ix 頁
定価 6825 円

★世界の大都市の防災を学ぶ

　防災関連の国際会議で発表してきた都市災害研究者や地理学者らの研究が国連大学の企画でまとめられ国連大学出版局が刊行した Crucibles of Hazard: Mega-Cities and Disasters in Transition の翻訳である。先進地域の巨大都市も決して災害に対する備えが十全であるわけではなく、その防災対策は単に防災部局のみの取り組みではなく都市の総体的な取り組みを必要としている。本書には、東京、シドニー、ロンドン、サンフランシスコ湾岸地域、ロサンゼルス、マイアミ大都市圏を取り上げる。原著者の多くは欧米の地理学者であり、7名の訳者はみな社会工学、都市工学、建設工学、社会システム工学など防災の専門家である。

ISBN4-7722-3025-4　C3050

天然ダムと災害

田畑茂清・水山高久・井上公夫著

B5判　上製　240 頁
定価 5460 円

★土砂災害の軽減に取り組む第一線の産学官による著作

天然ダムとは、地震や豪雨で発生した大規模な崩壊や土石流によって河川が塞がれて形成され、決壊すると一気に洪水となる防災上重要な現象であり、多くの事例がある。防災担当者に天然ダム形成の可能性ある地域においてハザードマップ作成や避難訓練など災害防止軽減のための具体的な準備のきっかけになることを期待して作成した。防災科学として役立つ科学研究の成果のひとつ。豊富な図版・写真資料が研修・研究理解に役立つ。

[おもな内容] 天然ダムとその決壊の事例、決壊の特性、地震による天然ダム、豪雨による天然ダム、外国の事例、ピーク流量の予測、決壊による下流域への影響予測、天然ダム形成時の対応と対策。

ISBN4-77225065-4 C3051